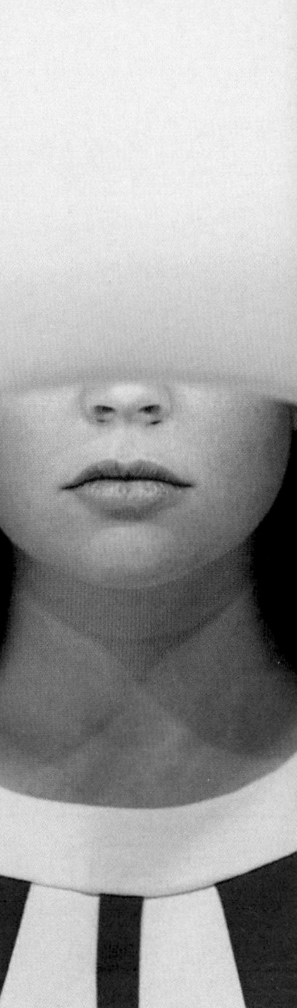

Un libro de Doc Pastor

Diseño de cubierta: Daniel Domínguez

Diseño de interior: Regina Richling

Fotografías: Wikimedia Commons / Archivo APG

ISBN: 978-84-18703-50-8

Depósito legal: B-1.991-2023

Impreso por Sagrafic, Passatge Carsi 6, 08025 Barcelona

Impreso en España - *Printed in Spain*

Dedicado a la memoria de Carlos Pacheco.

El arte permanece, el arte imita a la vida,
el arte es vida y mientras el arte exista
el artista nunca se irá.

«–Si conocieras al Tiempo tan bien como yo
– le dijo el Sombrerero –
no hablarías de malgastarlo.»
Las aventuras de Alicia en el País de las Maravillas

La labor de escribir un libro es siempre ardua y compleja, así que gracias a todos los que me habéis ayudado una vez más a que esto salga adelante.

Sin duda, a Martí de Redbook Ediciones por confiar una vez más en mí y dejarme libertad total. También a todos los miembros del equipo de la editorial por su trabajo y esfuerzo para que este volumen que estás leyendo exista.

A Marta Beren por su infatigable apoyo, comentarios y revisiones de mis escritos. Creo que sin su ayuda mis libros serían peores.

Por supuesto, a Dende, mi perrito tricolor, por ser tan cabezón y adorable (y un poco apestoso, todo sea dicho). Ya lo dicen en Las aventuras de Peabody y Sherman: «Todo perro debería tener un niño».

Y a ti, lector, siempre a ti. Se dice poco pero los libros no viven hasta que alguien los abre y empieza a leer. Gracias por hacer que una vez más mis letras vivan, espero que disfrutes de la aventura.

ÍNDICE

Prólogo para viajeros temporales, *por Albert Monteys* 14

El tiempo que es, que fue y que será 16

Las cuatro reglas de oro para viajar por el tiempo 18

Un viaje al pasado 19

Predestination 21

El final es el comienzo 22

¿Cómo viajan por el tiempo? 23

¿Existe un terrorista fallido? 23

Todos ustedes, zombis: **el relato original** 25

Ethan Hawke, el actor que desafía al tiempo 25

Ethan, Michael y Peter: respeto y camaradería 26

Robert A. Heinlein, creador de historias 27

Otros mundos cinematográficos de Robert A. Heinlein 28

Starship Troopers (Las brigadas del espacio) 28

Las sanguijuelas humanas 29

Tom Corbett, Space Cadet 29

Timeline 30

De tiempo, amistad y amor 31

Diferencias entre el libro y la película 32

***Rescate en el tiempo,* el videojuego** 33

Richard Donner, un director eficaz 34

Superman, el otro viaje en el tiempo de Richard Donner 35

Las letras de Michael Crichton 36

Mundos cinematográficos 37

Almas de metal 38

El guerrero número 13 38

Jurassic Park (Parque Jurásico) 39

Biggles (El viajero del tiempo) 40

Una epopeya en dos tiempos 41

El gemelo temporal 43

La conexión con los Cuatro Fantásticos 43

Biggles en otros medios 44
Del cómic al videojuego 45
Serial de radio y serie de televisión 45
John Hough, un director muy inglés 46
Peter Cushing, un actor de carácter 47
W. E. Johns, de militar a escritor 48
Otros cambios de época 49
Medianoche en París 50
Peggy Sue se casó 50
Ha vuelto 51
Las aventuras de Peabody y Sherman 52
Diversión y aventuras para toda la familia 53
Problemas en el espacio-tiempo 55
Viñetas y píxeles para todos 55
Otros perritos viajeros del tiempo 56
Brian Griffin 56
Frost, perrito de aventuras 57
Einstein Brown 57
Rob Minkoff, un director de leyenda 58
Jay Ward, el creador del clásico 59
De 1959 a 2015, dos series separadas por el tiempo 59
Modernizando el pasado 60
También en dibujos 61
Los supersónicos encuentran a los Picapiedra 61
Cenicienta: Qué pasaría si… 61
Futurama - El gran golpe de Bender 62
Frequency 63
El sueño de todo huérfano 65
Un sencillo viaje en el tiempo 66
La cosa va de series 66
La serie americana 67
La serie surcoreana 67
La serie japonesa 68
De Jim Caviezel a Dennis Quaid 68
Jim Caviezel es John Sullivan 69
Dennis Quaid es Frank Sullivan 70

Gregory Hoblit, un director televisivo ... 71
Doctor Extraño, la película televisiva ... 72
Tobby Emmerich, un productor todoterreno ... 73
Otras comunicaciones del espacio-tiempo ... 74
La casa del lago ... 74
El enigma de Jerusalén ... 74
Donggam ... 75
Llegados a este punto hay que hablar de paradojas ... 76
Paradoja del abuelo ... 76
Paradoja de Hitler ... 77
Principio de autoconsistencia de Nóvikov ... 77
Paradoja de predestinación ... 78
Un viaje al presente ... 79
See You Yesterday (Nos vemos ayer) ... 81
Una película de amistad con corte social ... 83
Jóvenes promesas ... 84
El encuentro con *Regreso al futuro* ... 84
El homenaje a *Los Cazafantasmas* y a *Rescate en el tiempo* ... 85
¿Qué están leyendo? ... 86
Más niños viajeros del tiempo ... 87
Bienvenidos al ayer ... 87
Minutemen: Viajeros en el tiempo ... 88
El tonel del tiempo ... 88
«Bart and Homer's Excellent Adventure» ... 89
***See You Yesterday*, el cortometraje original** ... 89
El otro *See You Yesterday* ... 90
Otras películas que antes fueron cortos ... 91
Posesión infernal ... 91
Saw ... 91
Distrito 9 ... 92
Seguridad no garantizada ... 93
Una película de culto ... 95
Basado en una historia real ... 95
La novela que nunca existió ... 97
El final que pudo ser (y por suerte no fue) ... 97

¿Dónde os he visto antes? 98
Darius y Kenneth, los protagonistas 98
Arnau y Jeff, los escuderos 99
De *Spider-Man: Un nuevo universo* a *Deadpool* (pasando por *Los pitufos: La aldea escondida)* 100
Colin Trevorrow, el indie de los blockbusters 101
Cuando Colin encontró a Derek 102
Duel of the Fates, el Star Wars que nunca vimos 103
Atrapado en el tiempo 105
Todo empezó con un vampiro 108
Cuando Danny encontró a Harold 108
¿Cuántos años pasa Phil atrapado en el tiempo? 109
¿Un plagio o una simple casualidad? 110
Atrapado en el tiempo: Más allá 111
El musical 111
El videojuego 111
El refrito 112
El anuncio 112
El auténtico Día de la Marmota 113
Harold y Bill: una amistad, dos genios 113
El incorregible, y talentoso, Bill Murray 114
Harold Ramis, un genio de la comedia 115
Otros bucles temporales 117
Los cronocrímenes 117
Palm Springs 117
Feliz día de tu muerte 117
Deadpool 2 118
Un personaje enloquecedor 119
***De X-Men orígenes: Lobezno* a un éxito comercial** 120
¿Dónde encaja *Deadpool 2?* 122
El personaje en los cómics 122
Deadpool vs. Deathstroke 123
¿Pero quién demonios es Cable? 124
¿Dónde está Brad Pitt? 126
Y Dominó 127
En dibujos animados 127

Marvel (Studios y Comics) a través del tiempo 128
Vengadores: Endgame 128
Loki 128
Siempre Vengadores 129
Viaje a Camelot 130
El proyecto Adam, el otro viaje en el tiempo de Ryan Reynolds 130
¿Qué es el tiempo relativo? 132
Un viaje al futuro 135
Perdidos en el espacio 137
Lo que pudo ser y no fue 138
Un poco de historia 140
La ironía de Ib Melchior 141
Un extraño reparto coral 142
Los veteranos 142
La nueva hornada 143
Los clásicos 144
Hopkins y Goldsman, fantasía para todos 145
Stephen Hopkins 145
Akiva Goldsman 146
Del clásico a la revisión pasando por el refrito 147
El túnel del tiempo, de Irwin Allen 149
Tiempo 150
M. Night Shyamalan en estado puro 151
Un filme de actores 153
De *Dark City* a *Doctor Who* 154
M. Night Shyamalan, un director inquietante 155
El Shyamalanverso 156
***Castillo de arena*, el Tiempo original** 156
Posibles explicaciones al paso del tiempo 157
Cambios en el cine 158
Más allá del tiempo relativo 159
Time Trap 159
Un pequeño contratiempo 160
Tír na nÓg 160

Lightyear ... 161
Una estupenda película de ciencia ficción ... 163
Una pequeña polémica ... 164
Nos adentramos en el viaje en el tiempo ... 165
Referencias a la ciencia ficción ... 166
James Brolin, una leyenda del cine ... 167
Y en la ciencia ficción ... 168
Chris Evans, el superhéroe del cine ... 167
En el mundo de las viñetas ... 169
Los otros Buzz Lightyear ... 170
Pixar y la ciencia ficción ... 171
Los viajeros en el tiempo ... 173
Auténtico sabor pop ... 175
Algunos rostros a tener en cuenta ... 176
De un viaje a lo desconocido a un viaje en el tiempo ... 177
Un filme adelantado a su tiempo ... 178
No son los Cuatro Fantásticos pero... ... 179
Otros parecidos razonables ... 180
Sobre Ib Melchior y David L. Hewitt, director y guionista ... 180
A falta de uno, dos, dos remakes ... 182
Viaje al centro del tiempo ... 182
El túnel del tiempo ... 183
El mañana (no) puede esperar ... 183
2067 ... 183
La guerra del mañana ... 184
Despedida y cierre ... 186
Epílogo ... 188
Tiempo de apéndices ... 190
Deadpool 2 Super $@%!# Grande ... 190
Una noche con Colin Trevorrow ... 191
Lost in Space, los Robinson han vuelto de la mano de Netflix ... 192
Bibliografía ... 194

Prólogo para viajeros temporales

por Albert Monteys

Querido viajero del tiempo, dentro de unas horas (quizá unos días) ya te habrás leído este libro. Si viajas unos meses hacia el pasado podrás buscar a Doc Pastor, que muy probablemente estará documentándose concienzudamente para escribir el volumen que tienes entre manos e impedir que lo haga. No sé por qué ibas a querer hacer algo así, pero los viajeros del tiempo suelen saber cosas que a los que estamos atrapados en el ámbar del presente se nos escapan, así que tus razones tendrás.

Puede que hayas viajado usando una máquina. Es lo más probable. Las hay de muchos modelos distintos, todas tienen luces de colores, controles imposibles y un marcador para la fecha deseada. Atravesar un agujero negro, una niebla mística o, simplemente, no saber cómo diablos acabas de aparecer en los años sesenta son sistemas menos comunes pero mucho más interesantes. Sobre algunos de ellos encontrarás información en este libro o en su antecesor (de nuevo, puedes viajar unos años hacia el pasado para estar presente el día de la publicación del primer volumen, te lo recomiendo).

¿Por qué has viajado esta vez? Hace poco alguien me explicó la expresión francesa «el espíritu de la escalera». Es lo que nos sucede cuando se nos ocurre la réplica perfecta para algo que nos dijeron cuando ya estamos abandonando el piso donde sucedió la conversación, bajando por la escalera. Obviamente, si volvieras a subir y soltaras tu frase genial quedarías como un patán. Creo que la mayoría de viajeros del tiempo están poseídos por ese espíritu, quieren regresar y hacer que, esta vez, todo salga como uno lo tenía pensado. No sé si es tu caso, pero en este libro podrás encontrar algunos ejemplos de por qué eso no es una buena idea.

A lo mejor has viajado solo para ver cómo eran los libros, o para reírte desde tu futuro en el que las máquinas del tiempo son tan comunes como las cafeteras en nuestro presente, de lo equivocados que estábamos sobre este tema, igual que nosotros nos reímos de los sistemas de comunicación de las películas de ciencia-ficción clásicas.

Para los que no tenemos máquinas o nieblas místicas que nos transporten tenemos los libros, como este que, depende de en que punto de tu viaje temporal te encuentres, se está escribiendo, se está publicando, está descatalogado o está ardiendo en una pira con más libros por culpa de un gobierno distópico que odia la cultura. Si contemplamos el tiempo a lo Kurt Vonnegut, todas las opciones suceden a la vez.

Usando este libro, por ejemplo, regresaremos a los rodajes de películas que ya hemos visto, viviremos sus anécdotas y recuperaremos las sensaciones del momento en el que se estrenaron. O a lo mejor plantaremos una semilla para ponernos en algún momento del futuro (o los futuros, que la cosa siempre se complica) esa película de la que hemos oído hablar aquí por primera vez.

No es tan sofisticado como tu sistema de viaje, claro, pero es bastante más económico.

Y uno no corre el riesgo de matar a su propio abuelo.

Albert Monteys formó parte de la revista satírica El Jueves. *Gracias a su trabajo en el cómic de ciencia ficción* ¡Universo! *es considerado hoy uno de los autores más interesantes del género.*

El tiempo que es, que fue y que será

Siempre es complejo escribir sobre viajes en el tiempo; complejo pero también interesante. La parte complicada viene del sencillo hecho de que es imposible ser exhaustivo, al menos en el punto de pretender listar todas las obras de ficción que hablan sobre el tema. Cada año se hacen más y más, es un género que está realmente vivo y al que los creadores recurrimos con frecuencia.

Los ejemplos son muchos, desde películas irreverentes como *Ha vuelto*, con Adolf Hitler como turista cronal, a series experimentales como *Undone*, pasando por fascinantes relatos como *¡Universo!*, de Albert Monteys, o la novela infantil *Frost, perrito de aventuras: El secuestro espacial.* Los viajes en el tiempo nos gustan, nos gustan mucho, y solo hace falta echar un vistazo a estas páginas para tenerlo claro.

¿El motivo? No sabría decirlo, al menos no de forma exacta, y es algo que me han preguntado de forma invariable en todas las entrevistas que me han hecho por el primer libro de este binomio (quizá trilogía, pero para eso habrá que esperar). Creo que quizá lo que nos atrae es que nos da la oportunidad de viajar a tiempos y lugares que jamás conoceremos en vida, poder charlar con nuestros ídolos ya fallecidos y visitar momentos con los que soñamos cuando cerramos los ojos.

O no, quizá es que simplemente nos entretienen, una diversión que nos ayuda a evadirnos del día a día. O quizá sea otra la respuesta, hay tantas como personas y todas igualmente válidas. Lo único que es cierto es que nos gustan los viajes en el tiempo, nos encantan, y sin ellos la ficción no sería la misma.

Espero que este pequeño viaje por otros tantos títulos sea tan disfrutable como el primero, he seguido una estructura muy similar, aunque en esta ocasión es algo más flexible. Por supuesto, no solo hay las películas que dan nombre a cada apartado; repitiendo lo que ya es habitual en todos mis libros, también aparecen otras tantas obras relacionadas para enriquecer la experiencia.

Y, de nuevo, como en la anterior entrega, cada parte se inicia con un pequeño relato basado en la película de la que se va a hablar. En su momento tuve dudas al respecto pero he recibido buenos comentarios por parte de lectores y entrevistadores, así que era casi obligado volver a incluirlos (aunque solo fuera por una cuestión de coherencia).

Eso es todo. Pasadlo bien, disfrutad del tiempo y pasito a pasito llegaremos hasta el futuro.

¿Quién sabe? Quizá desde allí seamos capaces de volver al pasado.

Doc Pastor,

Barcelona, 2022

¡Alerta de destripes!

Sí, soy de esas personas que prefieren el término patrio «destripe» al anglosajón *spoiler*. Palabra que, por otro lado, se ha usado hasta la saciedad y que, al igual que el término «nostalgia», parece que hay un gran número de personas que no conoce su auténtico significado. Pero eso es algo para otro día; vamos a lo que vamos.

En este libro aparecen distintos filmes (y series, cómics, libros...) sobre viajes en el tiempo, principalmente películas, y, dado que se intentará profundizar en cada uno de ellos, es más que probable que haya más de un destripamiento referente a la trama, personajes... Sencillamente es imposible tratar un producto si no hablas del producto.

Si bien es más que esperable que esto suceda, al igual que si lees un libro sobre los Pitufos (como la recomendable *L'Encyclopedie des Schtroumpfs*) encontrarás información sobre estos personajes, sus aventuras y sus secretos, de esta forma sucede en este libro. Algo lógico, pero que en ocasiones, y por comentarios que a veces me he encontrado en sesiones de firmas, he visto que no lo es tanto para todos los lectores.

Así que avisado estás. Aquí se habla de las películas de las que se habla y, por tanto, hay información sobre ellas; si no quieres saber algo mejor salta al siguiente apartado o espera a haber visto el filme en cuestión.

Dicho esto, vamos al tema.

Las cuatro reglas de oro para viajar por el tiempo

Las diferentes historias de la ficción han dado muchas variantes de qué hacer y qué no hacer cuando uno viaja por el tiempo; en ocasiones, las propias normas se revientan en la película de turno junto con su coherencia interna y, en otras, se logra mantener el statu quo sin problemas. A veces, todo parece salir bien pero hay un pequeño cambio que no pasa de ser menor, como en el quinto especial de Halloween de *Los Simpson* en el que Homer viaja por el tiempo/realidades paralelas y termina quedándose en una igual a la suya pero en la que su familia tiene lengua de lagarto (se puede asumir que han evolucionado de ellos).

«No tocar nada, no tocar nada… ¡y una mierda!»

Homer Simpson (La casa-árbol del terror V)

Por eso hay reglas que deben evitar romperse y que en Preguntas frecuentes sobre viajes en el tiempo se dan de forma sucinta y muy exacta. Es cierto que la película firmada por Gareth Carrivick y Jamie Mathieson peca de ser algo televisiva, ambos vienen de ese mundo, pero se ha convertido por derecho propio en uno de esos pequeños filmes de culto que siempre merece la pena ver.

Las cuatro reglas que bajo ningún concepto hay que romper, según este título, son:

- No puedes pisar ninguna mariposa.
- No puedes matar nada en el pasado porque eliminas a todos sus descendientes y puedes terminar cargándote a toda la raza humana.
- No te acuestes con nadie, siempre acaba siendo tu madre o tu abuela.
- No toques a tu otro yo. Ni tropezar ni hablar con nuestros yo anteriores.

Ya lo sabéis, así que tened cuidado y disfrutad de vuestro viaje.

UN VIAJE AL PASADO

«El único encanto del pasado
consiste en que es el pasado.»
Oscar Wilde

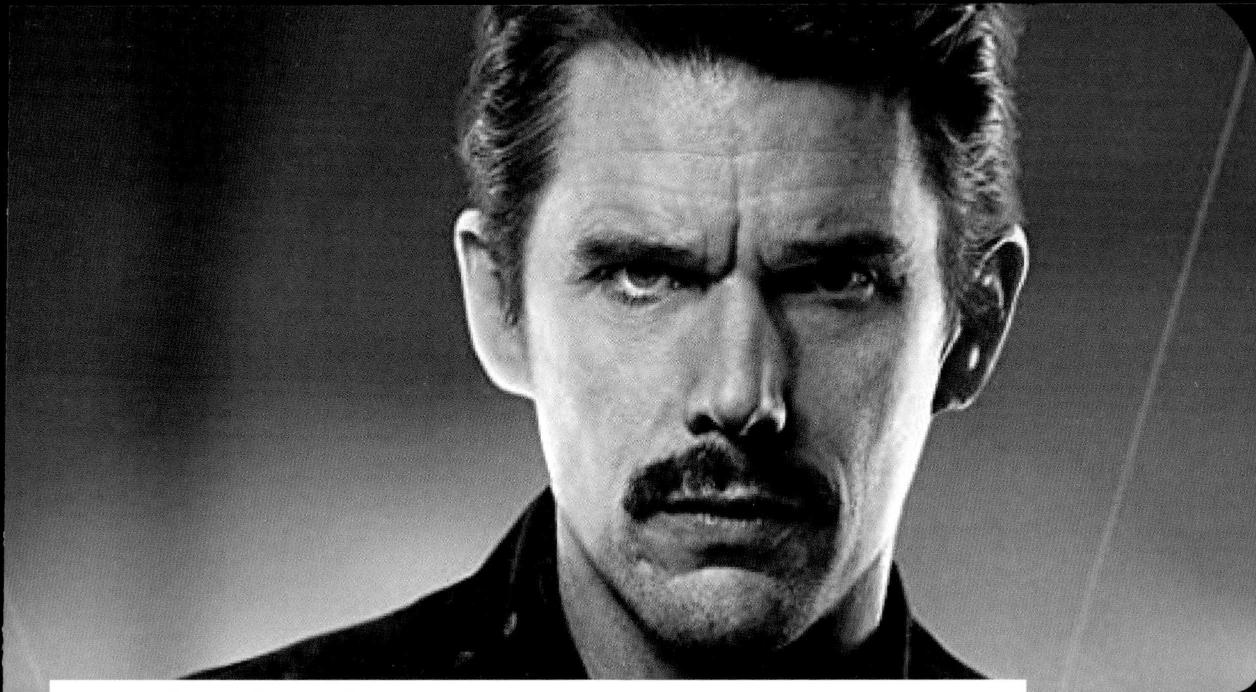

Predestination

Un viaje de ida y vuelta

Es complicado hablaros de mí; ni yo mismo estoy seguro de quién soy. A veces todo me parece un sueño, casi como si fueran los recuerdos de otra vida, de otra persona. Pero no, todo es cierto, no es un sueño, todo sucedió, aunque sí son recuerdos de otra vida y de otra persona.

He cambiado tanto que me pregunto si sigo siendo ella. ¿Sigue viva dentro de mí? Sé lo que es sentirse sola, notar que no encajas, que eres alguien distinto y que por dentro todo falla tanto como por fuera. Recuerdo las dudas y los miedos.

Entonces, todo cambió; yo cambié.

Ella, yo, morí y pasé a ser él, yo. Ahora todo es extraño aunque me he acostumbrado, casi, casi me he acostumbrado. Camino distinto, hablo distinto, me visto distinto, soy otra persona, otra vida y los recuerdos de mi pasado son sueños de una mujer que estaba sola y asustada.

¿Y yo? También lo estoy. Nadie puede entender qué siento, ninguna persona es capaz de comprender cómo me duele estar vivo, la soledad constante que envuelve cada día de mi vida. Sí, claro que estoy asustado, cada minuto de cada día de cada mes de cada año. ¿No lo parezco? Gracias, con el paso del tiempo he aprendido a mentir muy bien.

Solo hay una persona que podría entenderme y es ella, yo, esa mujer que fui y dejé en el pasado. Murió para que yo naciera, es mi madre en muchos sentidos y sin ella yo no estaría aquí. ¿Estoy condenado a estar siempre solo? Eso creo, aunque si me atreviera, si fuera capaz de ir hasta mí, hasta ella, quizá entonces dejaría de estarlo.

Estoy cansado de sentirme mal.

El final es el comienzo

Mi cruce con *Predestination* fue totalmente casual y, si bien no conocía el relato original, del que hablaré en breve, el interés me vino por la presencia de Ethan Hawke en la cinta. Fue gracias a esto que descubrí una película altamente recomendable, un viaje por el tiempo y el espacio que funciona por sí mismo y que es igual que un círculo perfecto, ya que la historia que estamos viendo es siempre la misma aunque no lo sepamos.

Antes de seguir hay que reconocer el tremendo talento actoral de Sarah Snook, que da vida a dos versiones completamente diferentes del mismo personaje, la mujer que era y el hombre que es. Es a la vez y en diferentes tiempos, aunque a veces el mismo, Jane y John, demostrando sus grandes capacidades interpretativas y que está más que sobradamente a la altura de Ethan Hawke.

¿Te has perdido? No pasa nada, como recomendación aconsejo ver al menos un par de veces Predestination antes de empezar a pensar si te ha gustado o no, ya que lo en ocasiones enrevesado de la trama lo precisa. Una vez superado el estar ante una historia poco convencional, un bucle temporal del que parece no haber escapatoria, es muy probable que pase a estar en tu listado de películas predilectas del género.

Está firmada por los hermanos Spierig, Michael y Peter, quienes se declaran fans del cuento de Robert A. Heinlein, algo más que palpable a lo largo de todo el metraje. En cada momento han intentado ser fieles a las líneas y propuestas del escritor, aunque se incluyen algunos añadidos y cambios para lograr una mejor traslación del papel a la pantalla. De hecho, se logra con gran soltura y habilidad captar la sensación opresiva y casi agorafóbica del relato, con una cuidada fotografía con un cierto toque *noir* y un aspecto algo sucio que en cierta medida recuerda al Nueva York en el que vive Russell Nash en *Los inmortales*.

«Creo que hay una idea preconcebida de qué es la ciencia ficción hoy en día. Hemos perdido el enfoque clásico de parte del género. Existe la suposición de que es mucha acción, cosas que explotan y robots, mientras que la ciencia ficción a menudo trata de reflexiones presentes contadas a través de una narrativa de fantasía.»

Michael Spierig

Más allá de una simple película de atractiva ciencia ficción lo que subyace es un mensaje claro, una reflexión bastante evidente que plantea si en realidad somos libres, si nuestras decisiones cuentan o solo somos juguetes del destino. ¿Somos nosotros mismos o más bien simples víctimas predestinadas? En teoría, el personaje protagonista es alguien único al estar «libre de historia y de ascendencia», pero en realidad es un uróboro andante.

Este hecho es explotado en varios momentos con autoguiños que solo son entendibles en un segundo visionado, como la escena en que nuestro protagonista dice «El tiempo nos alcanza a todos», el chiste sobre si fue primero el huevo o la gallina o que en un momento dado este personaje cante *Soy mi propio abuelo* (*I'm My Own Grandpa*, canción de Dwight Latham y Moe Jaffe). Algo que todavía cobra más sentido con los carteles que se aprecian de forma más o menos fugaz en una enfermería y que rezan así: *Never do yesterday what should be done tomorrow* (No hagas ayer lo que deba hacerse mañana) y *If at last you do succed, never try again* (Si logras tener éxito, no vuelvas a intentarlo).

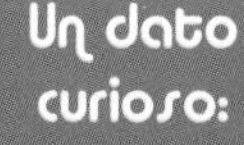

Un dato curioso:

Si te fijas y estás atento verás que en un televisor aparece la serie *Embrujada*.

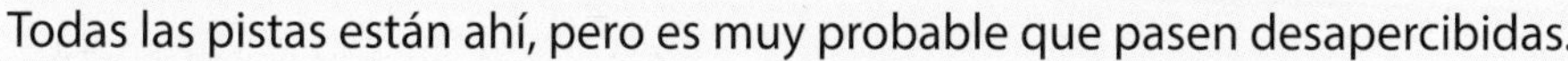

Todas las pistas están ahí, pero es muy probable que pasen desapercibidas.

¿Cómo viajan por el tiempo?

Cada película tiene sus propias formas y maneras de cruzar las olas cronales: desde una poción en *Los visitantes* a un fenómeno natural en *Kate & Leopold;* en *Predestination,* y el relato en que se basa, *Todos ustedes, zombis*, lo hacen con un pequeño artefacto. Este aparato se denomina U.S.F.F. de coordenadas transformadoras de campo o un modulador de coordenadas portátil (según la película y el cuento de forma respectiva). Según se describe en el relato pesa poco más de veinte kilos y no tiene piezas móviles, al menos el modelo que se usa, que es el segundo (no se dan datos sobre el primero).

De igual forma, en el filme se aclara que el viaje en el tiempo se inventó en 1981, pero desde la propia agencia tan solo recomiendan viajar a un periodo no superior de 53 años, ya sea en el pasado o en el futuro. Si bien puede parecer poco tiempo, nunca mejor dicho, es más que suficiente para que la trama se enrede sobre sí misma una y otra vez.

¿Existe un terrorista fallido?

A lo largo de todo el filme vemos cómo el *macguffin* del mismo es la existencia de un criminal llamado «el terrorista fallido», y parece que en todo momento logran

impedir que tenga éxito en sus planes. Pero esto conlleva otro pensamiento mucho más aterrador: ¿alguna vez han llegado a ocurrir tales hechos? Si siempre logran ser impedidos, ¿no se está persiguiendo en realidad a un fantasma?

La única pista real que el espectador tiene de la existencia de este personaje es una carpeta con todas las atrocidades que, en teoría, ha cometido a lo largo del tiempo. Según Robertson (encarnado por Noah Taylor), el superior del protagonista en la agencia de viajes temporales, un personaje algo sombrío y de una dudosa fiabilidad, en sus propias palabras, alguien fuera de la agencia podría hacer mucho e incluso llega a comentar que gracias al terrorista fallido la organización ha mejorado mucho.

¿Puede ser todo un plan suyo para asegurar la existencia de la agencia y de su propio trabajo? ¿Fue él el responsable de las catástrofes que se intentan evitar? ¿Han sucedido siquiera? ¿O solo son recortes falsos dentro de una carpeta? La respuesta no es fácil de encontrar.

«Creo que es el tipo de película que puedes disfrutar viendo varias veces. Considero que eso es positivo: es una película única y no hay otra película como esta, así que espero que encuentre su lugar y que la gente responda bien.»

Peter Spierig

Todos ustedes, zombis: el relato original

En un momento dado en la película *Predestination* Ethan Hawke dice la frase «Todos ustedes, zombis. Si bien hacerlo era algo casi obligado, hay que reconocer que está metido con calzador; resulta extraño oírlo, dado que no pega para nada con su personaje.

En realidad, este es el título del cuento original de Robert. A Heinlein, un relato corto muy popular que fue publicado por primera vez en el año 1959 en la revista *The Magazine of Fantasy & Science Fiction* (que empezó su andadura una década antes) y que desde un primer momento ya gozó de reconocimiento. Esto es algo que solo ha ido a más con el paso de los años debido a su compleja y adictiva historia, un auténtico bucle temporal resuelto con habilidad y maestría.

La película sigue muy de cerca los acontecimientos de esta narración. Aquí se presenta a un joven que anteriormente había sido una mujer y que al viajar al pasado se embaraza a sí misma. Él es su padre, su madre y su propio hijo, algo que poco a poco se va desvelando según se avanza en la lectura y que (con algún pequeño tropezón) logra que todo encaje realmente bien.

> «Entonces eché un vistazo al anillo que llevo en el dedo. La serpiente que se muerde eternamente la cola. Yo sé de dónde he venido, pero ¿de dónde han venido todos ustedes, zombis?»
>
> *Extracto del relato*

Hay que reconocer que la historia tiene una cierta sátira y crítica social intrínseca, imposible de trasladar al cine por las décadas pasadas entre una obra y otra. Un ejemplo son las siglas usadas para la Sección Hospitalidad y Entretenimiento del Cuerpo Nacional de Emergencia Femenino del que forma parte el/la protagonista de esta historia: W.E.N.C.H.E.S. Posteriormente conocido como A.N.G.E.L y llamado por las chicas que lo conforman W.H.O.R.E (*Wenches* se traduce como mozas y *whore* como puta).

Ethan Hawke, el actor que desafía al tiempo

Ethan Hawke es un actor que, si bien nunca ha sido una gran superestrella, ha sido siempre muy bien valorado tanto por la crítica como por el público. Su carrera comenzó en 1985 en *Exploradores* y desde ese momento no ha dejado de crecer, en gran parte por el éxito de *El club de los poetas muertos*, tras la que llegaron otros proyectos que hicieron de los años noventa del siglo XX su mejor momento.

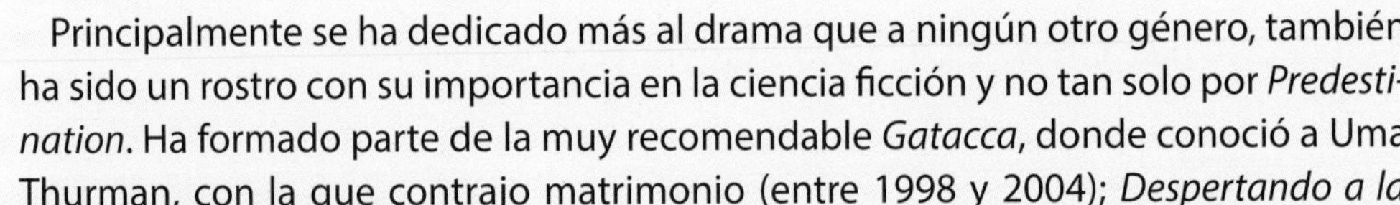

Principalmente se ha dedicado más al drama que a ningún otro género, también ha sido un rostro con su importancia en la ciencia ficción y no tan solo por *Predestination*. Ha formado parte de la muy recomendable *Gatacca*, donde conoció a Uma Thurman, con la que contrajo matrimonio (entre 1998 y 2004); *Despertando a la vida; Daybreakers*, donde el mito vampírico se entremezcla con la fantasía científica; o la desastrosa *Valerian y la ciudad de los mil planetas* (pobre adaptación de *Valérian: agente espacio-temporal*).

Un dato curioso:

Sarah Snook comparte pantalla con Ethan Hawke en *Predestination;* actriz que también aparece en otra película de viajes cronales, la divertida, aunque irregular, *Encurtido en el tiempo.*

El intérprete también es conocido por su aspecto eternamente joven, casi como un ser inmortal incapaz de envejecer, algo que dio mucho de qué hablar cuando se supo que para el experimento cinematográfico que es *Boyhood (Momentos de una vida)* se le tuvo que maquillar para aparentar la edad que, en realidad, debería tener. Esto es muy apreciable en la trilogía conformada por *Antes del amanecer*, *Antes del atardecer* y *Antes del anochecer*, en que, si bien se aprecia el paso del tiempo, en él no lo hace tanto como debería.

«La gente que envejece se pone pomposa,
piensa que ya lo sabe todo.
Yo no quiero ser así, quiero seguir creciendo.
La curiosidad es una manera mucho más
interesante de rejuvenecerte que un lifting.»
Ethan Hawke

Ethan, Michael y Peter: respeto y camaradería

En la historia del cine se puede hablar de muchas amistades entre realizadores e intérpretes, como, por ejemplo, la de George Clooney con los hermanos Coen o la más que conocida entre Johnny Depp y Tim Burton, a la que ambos deben buena parte de su éxito. Quizá no pueda hablarse de amistad en el caso de Ethan Hawke y Michael y Peter Spierig, pero sí de cariño y respeto mutuo.

El actor ya había trabajado con ellos cinco años antes en Daybreakers, película en la que compartía cartel junto a los siempre estupendos Sam Neill y Willem Dafoe y solo tuvieron buenas palabras para él, al que han definido como muy colaborativo y muy inteligente. Es más, él ha expresado en varias ocasiones estos mismos sentimientos para con ellos, incluso llegando a citarlos como parte de los directores imprescindibles de su carrera (lista que, por supuesto, y por derecho propio, encabeza Richard Linklater).

> «Trabajé con ellos en Daybreakers, que era una especie de película de género de la vieja escuela. Llevo en esto lo suficiente como para saber cuándo la gente se toma en serio hacer películas (...) Realmente creo en ellos, y los tomo muy en serio.»
>
> *Ethan Hawke*

Robert A. Heinlein, creador de historias

¿Y si os dijera que en sus orígenes Robert A. Heinlein fue ingeniero mecánico? ¿O que sirvió como ingeniero civil en un laboratorio durante la Segunda Guerra Mundial? La vida, la de todos, da muchas vueltas y la de este escritor no es una excepción.

Nació en el año 1907 en una familia bastante numerosa y, siguiendo los pasos de uno de sus hermanos, se formó en la Academia Naval de Estados Unidos como ingeniero mecánico, aunque no lo sería durante mucho tiempo. Apenas estuvo en el servicio activo cinco años, ya que por circunstancias médicas fue retirado del mismo. Durante la Segunda Guerra Mundial intentó volver pero no le fue posible, aunque sí logró apoyar el esfuerzo bélico de su país trabajando en el Naval Air Experimental Station. Estas dos experiencias le influyeron notablemente en su vida posterior, algo que salta a la vista con tan solo leer una de sus novelas.

Su perfil como escritor nació entre ambos momentos, en 1939. Fue en ese año cuando publicó su primera historia corta *La línea de la vida* en la revista *Astounding Science-Fiction*. A partir de ahí su fama fue creciendo y se convirtió en uno de los autores imprescindibles del género, con títulos esenciales como *Estrella doble, La luna es una amante cruel* o *Forastero en tierra extraña*. Todas ellas merecedoras del prestigioso premio Hugo.

Además de la rigurosidad de la que solía hacer gala, sus historias también llamaron (y llaman) la atención por la inclusión de temas claramente políticos, incluso de no pocas críticas, nada veladas, hacia las instituciones públicas y su forma de funcionar. No solo eso, entre sus habituales reflexiones se encuentra el dudar de la sociedad de su momento, de quiénes somos y cómo nos comportamos. Esto es algo que, si bien fue aplaudido por una parte de esa misma sociedad, fue vilipendiado por otra, hecho que llevó a sus novelas a protagonizar varias polémicas.

Hoy seguramente sea conocido por muchos, principalmente, por *Tropas del espacio*, historia publicada en 1960 que siempre ha gozado de éxito, también fue premiada con un premio Hugo y fue la base para una irregular saga cinematográfica de la que habrá unas breves líneas más adelante. Su carrera se extendió por varias décadas, en las que logró ser reconocido como uno de los grandes creadores de ciencia ficción de su momento.

Tras una vida de éxitos y reconocimientos, falleció en 1988, dejando tras de sí grandes novelas e historias imposibles.

«Tienes que ser extremadamente creativo para escribir lo que quieren los lectores en vez de escribir lo mismo que todos los demás.»
Robert A. Heinlein.

Otros mundos de Robert A. Heinlein

Starship Troopers (Las brigadas del espacio)

En 1997 llegaba a los cines esta adaptación de la novela de mismo nombre que contó con la dirección de Paul Verhoeven y el guion de Edward Neumeier (ambos tras *RoboCop*), además del protagonismo de Casper Van Dien y Denise Richards. Aunque era un filme de serie B, no pretendía ocultarlo, funcionó bien a nivel mundial y fue el pistoletazo de salida para una saga mucho mayor.

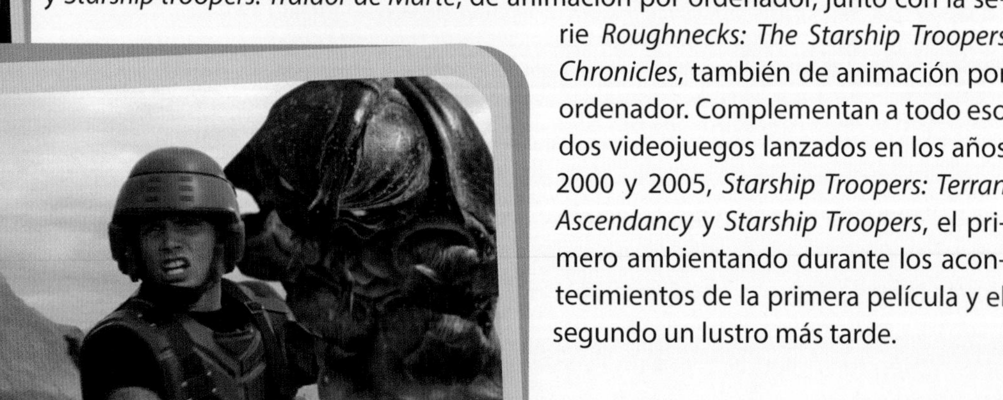

Su historia crecería a través de las películas de acción real *Starship troopers 2: El héroe de la federación* y *Starship troopers 3: Armas del futuro*, *Starship Troopers: Invasion* y *Starship troopers: Traidor de Marte*, de animación por ordenador, junto con la serie *Roughnecks: The Starship Troopers Chronicles*, también de animación por ordenador. Complementan a todo eso dos videojuegos lanzados en los años 2000 y 2005, *Starship Troopers: Terran Ascendancy* y *Starship Troopers*, el primero ambientando durante los acontecimientos de la primera película y el segundo un lustro más tarde.

Las sanguijuelas humanas

Estrenada en 1958 bajo el nombre en su país de *The Brain Eaters* y basada en la novela *Amos de títeres* (*The Puppet Masters* en origen), este filme forma parte de las tan habituales películas de ciencia ficción barata de su momento y lo que hace que sea recordado es contar con la aparición de un joven Leonard Nimoy. Por su parte, el director Bruno VeSota era más actor que realizador y el guionista Gordon Urquhart tan solo firmó este proyecto.

En 1994 se hizo una nueva adaptación de este libro, ahora sí con el mismo título (en España como *Alguien mueve los hilos*) que, si bien no ha pasado a los anales del cine, sí es más disfrutable que la anterior. En este caso el trabajo de director recayó en Stuart Orme mientras que el guion venía de las manos de Ted Elliott y Terry Rossio, una mezcla curiosa, ya que el primero ha dedicado gran parte de su vida profesional a la televisión y los segundos son habituales del cine de animación.

Un dato curioso:

Ted Elliot y Terry Rossio son dos de los cuatro guionistas que tuvo la olvidable *Godzilla* de 1998.

Tom Corbett, Space Cadet

En 1948 Heinlein publicó una novela juvenil titulada *Cadete del espacio* que estaba protagonizada por un personaje llamado Matt Dodson. Esta sería la base que inspiraría a Joseph Greene para crear la mítica serie *Tom Corbett, Space Cadet*. Se estrenó en 1950 con más de 80 episodios llenos de aventuras y viajes por el espacio. La producción gozó de bastante éxito e incluso contó con diferentes juguetes que iban desde naves a pistolas pasando por estaciones espaciales.

Frankie Thomas fue su protagonista y es el personaje por el que suele ser recordado, aunque ya era conocido por el público, en gran parte, por su papel de Ted Nickerson en las películas de Nancy Drew (*Nancy Drew: Detective, Nancy Drew... Reporter, Nancy Drew... Trouble Shooter* y *Nancy Drew and the Hidden Staircase*).

Timeline

Caballeros y princesas

Una pareja está sentada en la sala principal de su pequeño castillo, una construcción fronteriza que representa la unión entre dos reinos. Los ladrillos son viejos y huele a humedad, al fondo el crepitar de una hoguera lanza su calor mientras las ascuas chisporrotean. El invierno ha llegado pero no logra helar la pasión que late en sus corazones.

—Marido, ¿no te arrepientes?

Él la mira con candor, sabe bien a qué se refiere. No hace falta que lo exprese en voz alta, se lo ha preguntado muchas veces. Sabe la respuesta, pero le gusta oírla de sus labios.

—No, ni un solo segundo. Quedarme contigo fue la mejor elección de mi vida, era lo único que tenía sentido.

Ella se acurruca a su lado, ya no son jóvenes pero la voz de Marek sigue siendo fuerte. Los años han pasado, los hijos han crecido, el tiempo se ha marchado, sus cuerpos están marchitos.

—¿Y tus amigos? ¿Se acordarán de ti?

Hacía mucho que él no pensaba en ellos, esta época es complicada y no deja demasiado tiempo para la introspección o la remembranza. Cada día es un desafío, muy diferente al mundo desde el que llegó hace tantos años y eso le encanta.

—Mis amigos… —Sus palabras denotan un punto de tristeza, quizá de melancolía— Sí, no tengo ninguna duda. Estaré en sus plegarias igual que ellos en las mías. La auténtica amistad no entiende de distancias o de tiempos, siempre está ahí. Sé que ellos querrían que encontrara mi felicidad y así fue.

Acaricia los cabellos canos de su esposa, de ellos se desprende un suave olor como a margaritas, y piensa que jamás ha visto a nadie tan hermoso. Apoya sus manos en las suyas y cae en un plácido sueño que le lleva hasta lugares imposibles, hasta una tierra llena de prodigios que para él eran el día a día.

Sueña y siente en su corazón una pizca de pesadumbre por esos amigos a los que no volverá a ver, pero está seguro de que ellos a él sí. Esa idea consuela su ya cansado corazón.

Un dato curioso:

Paul Walker encontraría la fama gracias a su papel de Brian O´Conner en la saga *Fast & Furious.*

De tiempo, amistad y amor

Hay que decirlo claramente, en el momento de su estreno *Timeline* (que en España mantuvo su título americano) no fue una película muy apreciada. Los motivos eran varios: desde un ritmo algo irregular y diversos cambios respecto la novela a la caída en lugares comunes que la historia original de Michael Crichton intenta evitar a toda cosa. Pero el paso del tiempo, nunca mejor dicho, le ha sentado bien y lo que antes fue un título defenestrado hoy sigue vivo como una entretenida cinta de acción y aventuras. Sí, con el añadido de un viaje en el tiempo y con unas buenas actuaciones que hacen que cuando se revisita este filme siga gustando, más incluso que en su momento.

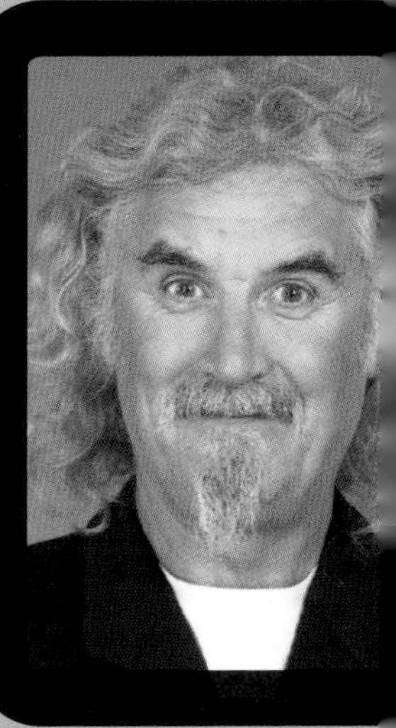

El reparto tiene entre sus nombres a Paul Walker, Gerard Butler y Frances O´-Connor, los tres intérpretes bien conocidos que cumplen a la perfección con sus papeles, pero que por desgracia no lucen al lado de los brillantes talentos de Billy Connolly y Michael Thewlis. Claro está que estos dos actores ya eran bastante veteranos en aquel entonces, y eso se nota.

Connolly llevaba en activo desde 1975 y había participado en títulos como la popular, y desternillante, serie británica *Éstas no son las noticias de las nueve*, *Una*

proposición indecente o haber sido Billy Bones en *Los Teleñecos en La isla del tesoro* (la misma en la que Tim Curry hizo de Long John Silver). Por su parte, Thewlis empezó justo una década más tarde, en 1985, y ya había trabajado en producciones de relevancia como *Dragonheart (Corazón de dragón)*, *Siete años en el Tíbet* o la serie *Dinotopía: El país de los dinosaurios*.

Con todo esto presente, la adecuada dirección de Richard Donner, una buena puesta en escena y una fotografía correcta, lo que quedó fue un divertido producto palomitero que no pretende nada más que entretener. Es cierto que en este caso, casi siempre pasa, la película no logra alcanzar las cotas de calidad de la novela y palidece en comparación, pero debe tenerse en cuenta que hablamos de un libro de más de 600 páginas y de un filme que apenas llega a las dos horas. Sencillamente, es (y era) imposible hacer digna justicia a la historia de Michael Crichton en un metraje cinematográfico.

«Siempre he querido adaptar un libro de Michael Crichton.
Le conozco y admiro desde hace años,
y cuando surgió esta oportunidad no pude dejarla pasar.»
Richard Donner

Diferencias entre el libro y la película

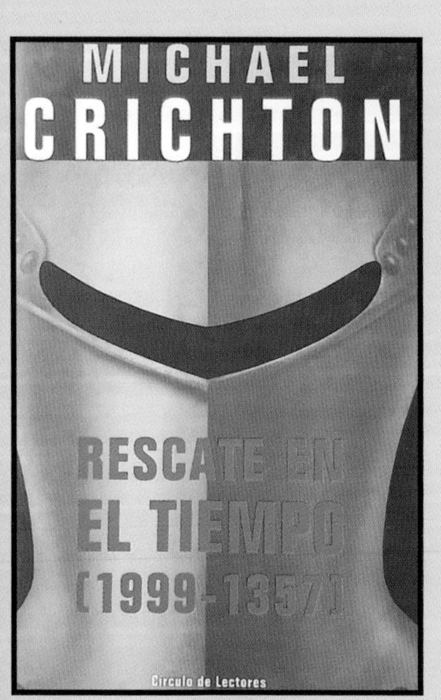

Rescate en el tiempo se publicó en 1999 y rápidamente captó el interés de Hollywood, no en vano hablamos de una novela que salía de la misma mente que dio lugar a *Parque Jurásico*. De hecho, tiene ciertos lazos con ella, no de historia pero sí de temas, como la importancia de la amistad y la confianza, los peligros del ansia de las corporaciones privadas y en cierta forma en ambas los personajes protagonistas se cruzan con el pasado.

Pero a lo que vamos. En el momento de su estreno la película fue duramente criticada por sus muchas diferencias y licencias respecto al manuscrito. Lo primero y más importante es que, si bien en el filme lo que hay es, sin lugar a dudas, un viaje en el tiempo (a través de una máquina compuesta por espejos), en el segundo el periplo es multiversal y no cronal. No se desplazan por el tiempo, lo hacen por los universos que existen de forma conjunta al nuestro. Tampoco es del todo verdad que en la película hayan creado una máquina del tiempo, lo que han ideado (y encontrado por casualidad) es una manera de moverse a través de un agujero de gusano. Un viaje de ida y vuelta que siempre los lleva al mismo sitio y lugar, a Castlegard en el año 1357.

En mi opinión, este cambio fue positivo dado que la convierte en una explicación más entendible, es más sencilla y, de todas formas, los protagonistas terminan en lo que es nuestro pasado (o uno muy parecido de otro universo). Convertir personajes femeninos en masculinos no fue tan acertado, no aportaba nada y, ciertamente, solo respondía a la forma de entender el cine de su momento y a esa errónea creencia de que si una película de acción o aventuras era protagonizada por una mujer no tendría éxito (me pregunto que diría Geena Davis, que pocos años antes había estrenado *La isla de las cabezas cortadas*).

De igual forma, la adaptación cinematográfica difiere del libro en cuanto a la aproximación a la época medieval, pues si bien en la historia original hay cabida para ahondar en esta cultura, en cómo se actuaba, en las diferencias entre clases y se mostraba el día a día, en el filme se convierte casi más en una ambientación de fondo que otra cosa. En la novela podemos leer cómo reaccionan los protagonistas durante su estancia en el pasado, desde el asombro a la repugnancia, algo que dada la duración del filme es prácticamente ignorado en favor de hacer avanzar la acción y la trama hasta llegar a su conclusión.

> «—Me pregunto si se acordaba de nosotros —dijo Chris contemplando el semblante de piedra—. Me pregunto si nos echaba de menos.
> —Claro que sí —contestó el profesor—. ¿Tú no lo echas de menos a él?»
> *Extracto de la novela*

Rescate en el tiempo, el videojuego

No es extraño que cuando Hollywood pone en marcha su maquinaria lo haga con un «¡A por todas!», por eso mismo cuando una gran producción se estrena a la vez

llegan al mercado camisetas, libros oficiales, muñecos y videojuegos. Aunque si bien sí existe un videojuego de *Rescate en el tiempo*, este llegó años antes que la versión cinematográfica.

Inspirado por la misma novela y con la implicación del propio Michael Crichton, se comercializó en el 2000 siguiendo la idea de la historia original, pero con algunos cambios y la eliminación de ciertos personajes. Más allá de eso la trama es la misma, un grupo científico viaja a la Francia del siglo XIV, uno de ellos no regresa y entonces un alumno decide ir en su busca. La aventura se mezcla con los acertijos, mientras el jugador se mete de lleno en el pasado.

Este videojuego es recordado por ser uno de los primeros trabajos en los que American McGee es uno de los nombres clave, tanto diseñando como escribiendo. Este profesional es bien conocido por su aplaudido *American McGee's Alice*, además de haber estado presente en títulos icónicos como *Doom II* o *Quake*.

Richard Donner, un director eficaz

Es muy posible que si estás leyendo este libro al ver el nombre de Richard Donner hayas pensado de forma automática en *Superman*, la película de 1978. Es cierto que es suya pero es solo una más de una producción mucho mayor. Y es que Richard Donner estuvo en activo prácticamente medio siglo, décadas en las que trabajó tanto en el cine como en la televisión, como director y como productor e incluso hizo algún pinito como actor.

Su primer trabajo fue como guionista en 1957, en cuatro episodios de *Men of Annapolis*, pero sus pasos como director se rastrean hasta la década de 1960, esos años que no pasan de moda, en la que ya se le puede ver relacionado con grandes títulos de la pequeña pantalla como *La dimensión desconocida*, *El agente de CIPOL* o *Superagente 86*, entre otros. Es entonces cuando su trabajo como director televisivo empieza a cruzarse con el de director cinematográfico, en 1961 estrena *X–15*, una película bastante olvidada salvo por el hecho de ser suya y contar con Charles Bronson.

Con el transcurrir del tiempo su nombre empieza a ser cada vez más conocido e importante, sinónimo de buen cine y de saber hacer. Sus películas siempre funcionan y, si bien vistas hoy en algunos momentos el ritmo parece tropezarse, no es más que una consecuencia del paso de los años y de la forma de rodar en el momento de cada producción. Se pueden mentar títulos como *La profecía*, *Lady Halcón* (película de visión obligada si os gusta la fantasía), la saga *Arma letal* o esa desternillante adaptación de *Cuento de Navidad* que es *Los fantasmas atacan al jefe*.

Como productor ha estado detrás de muchas de sus obras, pero también de las de otros realizadores como Joel Schumacher, en *Jóvenes ocultos*; Simon Winder, en

¡Liberad a Willy!; o de Bryan Singer en *X–Men*. Como actor se le ha podido ver apareciendo en varios de sus trabajos como en *Superman* (en la versión extendida), *Los Goonies* o la propia *Timeline*.

Superman, el otro viaje en el tiempo de Richard Donner

Cuando *Superman* se estrenó en 1978 fue todo un éxito y lo fue por varios motivos. Uno por la increíble elección de un casi desconocido Christopher Reeve que parecía sacado directamente de las viñetas de DC Comics. En palabras de Donner «Chris se convirtió en Clark Kent, y él se convirtió en Superman». Otro fue el fichaje estrella de Gene Hackman como Lex Luthor y de Marlon Brando como Jor-El, el padre de Superman, todo con un guion que tuvo varias reescrituras pero que terminó encontrando su camino. La inolvidable banda sonora de John Williams, los efectos especiales que hacían creer que un hombre (un superhombre, al menos) podía volar y la estupenda dirección de Richard Donner, que logró unir todo para crear una aventura inolvidable.

Para muchos es la mejor película de superhéroes jamás rodada; sin duda, es un hito en la historia del cine. Curiosamente pocas veces se habla de ella como una película con viajes temporales, aunque los tiene. Es más, el final de toda la historia se basa en ello, ya que Superman, dolido por no poder salvar a Lois Lane, comienza a volar alrededor de la Tierra hasta que la hace rotar en sentido contrario, lo que provoca que el tiempo retroceda.

«Intenté que la audiencia se diera cuenta de que no estaba viendo un cómic, o cualquier otra cosa que se hubiera hecho con Superman a lo largo de los años. Esta era la verdadera historia de Superman.»
Richard Donner

El éxito de *Superman* hizo que tuviera una secuela (cuatro, en realidad, aunque una no llegó hasta el año 2006) en la que la dirección se repartió entre Richard Donner y Richard Lester, quien terminó las grabaciones, añadió escenas y cambió otras, siendo su montaje el que llegó a los cines. Muchos años más tarde se lanzó una versión muy solicitada por los fans, el corte de Richard Donner, o, al menos, lo más cercano a su visión del momento: aquí, se retoma el final con Superman haciendo rotar la Tierra para hacer retroceder el tiempo (debe decirse que sabe a poco, es exactamente la misma solución que en la primera).

Las letras de Michael Crichton

Michael Crichton es un autor mundialmente conocido y su fallecimiento en 2008 no ha impedido que sus obras sigan siendo leídas y aplaudidas. Es más, *Jurassic Park* ha sido una saga cinematográfica nacida gracias a sus letras y nunca ha dejado de crecer, con más o menos acierto, pero eso es un tema para otro libro.

Siempre le relacionamos con la ciencia ficción, pero sus estudios fueron de medicina, algo que le ha llevado a ser comparado en ocasiones con Sir Arthur Conan Doyle, ya que, además, existe la coincidencia de que ambos escribieron obras inspiradas en los dinosaurios. En las historias de Crichton hay un claro componente de realidad, o más bien, de verosimilitud real. Sus mundos, aparatos y fantasías no existen sin un porqué detrás, ya sea una investigación arqueológica para traer de vuelta a los gigantes del pasado o una empresa que logra viajar entre universos. Todo ello está siempre sustentado en explicaciones y desarrollos que lo hacen parecer una verdad a pesar de que en ocasiones si se piensa con calma no se sostenga (no obstante, ha servido para la trama y ha logrado que nos evadamos, así que éxito conseguido).

Lo que sí es cierto, así mismo lo dijo en diversas ocasiones, es que su interés por la ciencia y estar informado sobre descubrimientos le servía de base para narrar sus historias. Después estas iban por un camino imposible, la ficción es así, pero ese ánimo por saber y conocer es palpable en sus novelas y en su forma de escribir. ¿Acaso no hemos soñado todos con que sea real la posibilidad de recrear dinosaurios? (Curiosamente en 2021 Max Hodak, cofundador de Neuralink junto a Elon Musk, dijo en Twitter que ya existía una tecnología suficiente para hacer un parque jurásico real).

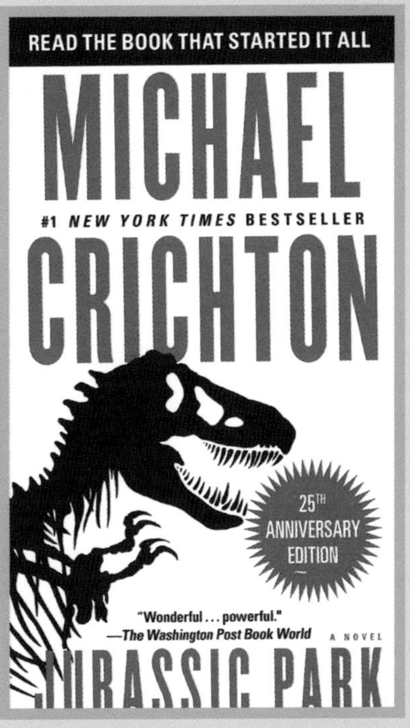

«Quería escribir una historia de viajes en el tiempo que se tomara en serio su premisa y también quería escribir una historia que abordara la realidad tras los clichés que tenemos de los caballeros y el amor cortés.»

Michael Crichton

Mundos cinematográficos

Las letras de Michael Crichton no solo han sido traducidas a decenas de idiomas y leídas por millones de personas, también han sido una fuente habitual para el mundo del cine y no me refiero solo a la saga de *Jurassic Park*. Estas películas son las más conocidas, principalmente la primera de todas, pero solo son la punta del iceberg y hay otras tantas producciones que salen de su mente, como *La galaxia de Andrómeda* o *Urgencias* (en serio, podéis comprobarlo).

Un dato curioso:

Crichton y Doyle comparten el título de una novela: *El mundo perdido*. La primera es la secuela de *Parque Jurásico* y la segunda de *1912* es la presentación del conocido profesor Challenger.

Almas de metal

Estrenada en 1973 con la dirección y guion del propio Crichton, nos presenta un mundo en el que existe un parque recreativo lleno de robots en el que todos los visitantes pueden dar rienda suelta a sus deseos. Claro está que todo saldrá mal y aquello terminará como el rosario de la aurora. No por esperable es menos disfrutable. El filme es muy recordado por la fría actuación de Yul Brynner como el implacable robot pistolero vestido de negro, en el que de forma evidente James Cameron se basó para su T-800 en *Terminator*.

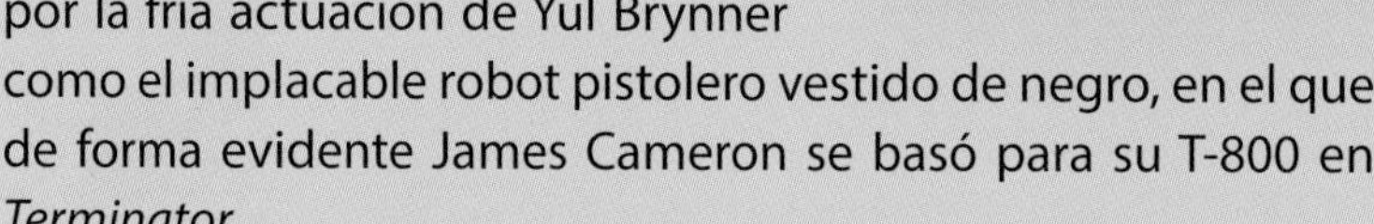

Debido a su éxito llegó a tener una secuela fílmica en 1976, *Mundo futuro*, y una serie televisiva estrenada en 1980 titulada *Beyond Westworld*; en ambos casos son productos bastante olvidables. Esto es algo que cambió en 2016 con una nueva producción televisiva llamada sencillamente *Westworld*, un proyecto que coge varias ideas de las dos películas y la serie previas pero las lleva mucho más allá. La propuesta logró una buena acogida tanto de público como de crítica.

Un dato curioso:

Si te fijas bien verás al robot pistolero de Yul Brynner durante el episodio «The Adversary» de la serie *Westworld* de 2016.

El guerrero número 13

Devoradores de cadáveres es una novela lanzada en el año 1976, parcialmente inspirada en el mito de Beowulf, y en la que el escritor muestra las notables diferencias entre las culturas árabes y norteñas a través de los ojos (y las crónicas) de Ibn Fadlan, personaje que se inspira en la figura y escritos históricos de Ahmad ibn Fadlan. El autor cumple con lo esperado, con una lectura apasionante e imaginativa.

Su adaptación cinematográfica llegó en 1999 bajo el título *El guerrero número 13*, con la dirección de John McTiernan (sí, el mismo John McTiernan de *Jungla de Cristal* y *El último gran héroe*), y algunas escenas vueltas a rodar por el propio escritor, con el protagonismo de Antonio Banderas. El filme fue criticado por sus muchos anacronismos, algo que también sucedió con la novela, y por sus diferencias con esta. De forma personal he de reconocer que es una película que me encanta, no pide nada al espectador y tan solo pretende entretener (algo que cumple con creces).

Jurassic Park (Parque Jurásico)

¿Qué se puede decir que no se sepa de *Parque Jurásico* a estas alturas? Realmente nada, la novela es un éxito desde su lanzamiento en 1990 y más a partir de 1993 con la exitosa adaptación de Steven Spielberg. Gracias a esta historia el mundo de los dinosaurios cobró vida, metafórica y literalmente, ya que a partir de este momento estos grandes lagartos se volverían una moda que dio lugar a fascículos, muñecos e incluso series de televisión tan queridas como *Dinosaurios*, que estuvo en antena entre 1991 y 1994 (aunque Jim Henson tuvo la idea en 1988).

Si bien es cierto que en su adaptación a cine se modificaron o eliminaron escenas, esto no impidió que fuera un gran éxito tanto de crítica como de público. Fue la primera de una saga que hoy está conformada por un total de seis títulos cinematográficos, de las que tan solo las dos primeras se basan en novelas publicadas previamente. El resto beben de estas dos películas pero cuentan historias nuevas.

Biggles (El viajero del tiempo)

Amistad entre un inglés y un americano

Cuatro hombres están sentados a la mesa de un bar, un pequeño local que lleva allí generaciones y en el que se puede respirar la vida de todos los veteranos que han pasado por él. Amigos, enemigos, peleas familiares, amores y desamores, lo típico y habitual en cualquier sitio que sirva cerveza y comida.

Apuran sus pintas mientras con un gesto indican al camarero que traiga otra ronda, la tercera. El ambiente está cargado, huele a sudor y lágrimas, a riñones con puré, a cerveza y amistad.

Sus nombres son Algy, Wilks, Raymond y Biggles, quien podría decirse que era el líder de todos ellos a pesar de que en realidad Raymond era el que tenía un cargo mayor. Los cuatro amigos eran militares, buenos pilotos que habían compartido el aire y las balas, sus heridas estaban manchadas de la sangre de los otros.

—Oye —dijo Wilks—, ¿qué fue de Ferguson? —Dio un último trago a su pinta e hizo de nuevo un gesto al camarero con la esperanza de que esta vez sí les llevara la siguiente ronda.

Algy asintió con la cabeza mientras dirigía su mirada hacia Biggles. —Es cierto, desapareció sin dejar rastro. Era tu amigo, ¿no?

El camarero llegó con las cuatro pintas de cerveza y las dejó diligentemente encima de la mesa, cada una delante de su futuro bebedor.

Biggles esbozó una pequeña sonrisa mientras sus ojos miraban a… en realidad, a ninguna parte, más bien parecían perderse entre las brumas de los recuerdos pasados. O quizá de los recuerdos futuros. —Sí, creo que Ferguson, que Jim, era mi amigo. —Bebió un trago de su cerveza, notó el sabor amargo caer por su garganta. —Digamos que volvió a casa.

Raymond ha visto mucha guerra, igual que sus compañeros, pero quizá por su edad o por su rango de jefe de batallón se ve obligado a ser más frío que el resto. No con ellos, claro que no, pero de sus decisiones dependen muchas vidas y por ello suele situarse a una distancia emocional cómoda, pero había algo en ese Ferguson, algo que le tocaba muy de cerca.

—Es curioso —dijo mirando al oscuro fondo de su vaso—, pero tengo la sensación de que aunque se haya ido volveremos a vernos con él. No sabría decir el porqué, es algo que siento. —Levantó la cabeza y dirigió sus ojos a Biggles.— Es una locura, ¿verdad?

Biggles sonrió de nuevo, igual que antes, una sonrisa extraña que sus amigos no sabían interpretar. Se puso en pie y alzó su pinta.— Por Jim Ferguson, un hombre valiente.

Los tres amigos no dudaron, se levantaron y al unísono chocaron sus copas.

—¡Por Jim!

Una epopeya en dos tiempos

Biggles (El viajero del tiempo) se estrenó en el año 1986. No era la primera vez que este personaje literario creado por W. E. Johns saltaba a otro medio, había varios antecedentes, pero ninguno de ellos había rozado ni de lejos el género fantástico. Es entendible, ya que Biggles es un joven piloto inglés que luchó en la Primera Guerra Mundial, con el paso del tiempo también en la Segunda, pero sus historias estaban bastante ancladas en la realidad.

¿Qué sucedió, entonces, para que de pronto se hiciera una película sobre él que incorporaba la novedad de los viajes en el tiempo? Algu-

nos dicen que fue debido al éxito de *Regreso al futuro*, pero cuando se estrenó en Inglaterra *Biggles (El viajero del tiempo)* ya había terminado su rodaje, así que no pudo ser eso. Lo que sí se sabe es que se consideró hacer una trama aventurera al estilo de las protagonizadas por Indiana Jones, aunque en un momento dado todo giró por completo hasta convertirse en lo que llegó a los cines.

Recalemos un momento para repasar los hechos. La idea de hacer una entrega cinematográfica de este personaje británico surgió en 1968 desde Universal Pictures, una propuesta muy seria que avanzó en la preproducción y tuvo algo de promoción. El actor elegido fue James Fox, quien ya había aparecido en *Aquellos chalados en sus locos cacharros*, *Millie, una chica moderna* o *La jauría humana*, pero, a pesar de todo, el filme no llegó a buen puerto.

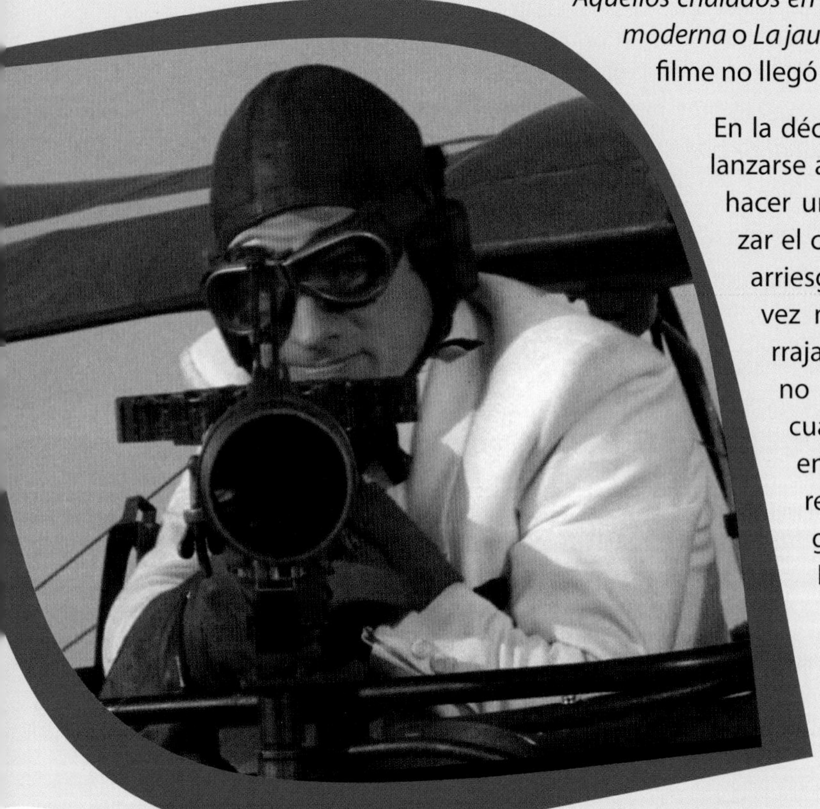

En la década siguiente hubo intenciones de lanzarse a un nuevo proyecto con la idea de hacer una franquicia que iba a protagonizar el cómico Dudley Moore, una elección arriesgada que poco importa, ya que, una vez más, todo quedó en agua de borrajas. La historia sigue adelante, pero no es hasta mediados de los ochenta cuando todo empieza a enderezarse, en gran medida por el interés del director John Hough por el excéntrico guion firmado por John Groves y Kent Walwin.

Gracias a ellos en 1986 se estrenó *Biggles (El viajero del tiempo)*, que bebía a partes iguales de las novelas de W. E. Johns, con bastantes licencias, y otro tanto de la imaginación pura de sus escritores. Se intentó crear un producto moderno y atractivo para el público de su momento, y si bien en Inglaterra sí consiguió llamar la atención, no fue así en el resto del mundo, donde el héroe novelístico era mucho menos conocido. La intención de triunfar en otros mercados es evidente desde un comienzo, ya que lo primero que ve el espectador es la Estatua de la Libertad, además de que el protagonista al que interpreta Alex Hyde-White también es americano. Trabaja en una agencia de cenas con famosos y en la misma se pueden ver afiches e imágenes de Frank Sinatra, Sophia Loren, Clint Eastwood o Arnold Schwarzenegger.

Para alegría de los seguidores del aviador el filme tiene varias referencias directas a los libros originales, como el momento en que el personaje de Peter Cushing habla sobre Papúa Nueva Guinea (Old New Guinea), seguramente se refiera a la historia *Biggles Flies Again* o a *The Case of the Modern Pirate*, o la escena final, con un nuevo cambio en el tiempo, bien podría ser un guiño a *Biggles in Africa*.

Un dato curioso:

En un momento dado el protagonista aparece vestido de monja, lo que inevitablemente recuerda a los Monty Python. No hay nada más inglés.

El gemelo temporal

Las explicaciones para los viajes en el tiempo en la ficción son muy diversas; desde lo científico como en *Primer* hasta lo disparatado como en *Jacuzzi al pasado*. Las hay de todo tipo y forma, en el caso de *Biggles (El viajero del tiempo)* se habla de un *Time Twin*, un gemelo temporal. Dos personas que están conectadas a través de las olas cronales, no se conocen, no parecen tener nada en común, pero sus hilos vitales y sus experiencias comparten una existencia dual que puede cruzarse. En cierta medida, esto hace pensar en el término *Doppelgänger*, una palabra alemana que se refiere al doble malvado de otra persona, aunque en este caso ninguno sea el malo.

Muy seguramente la decisión de usar esta idea, incluido el rayo que cae para que el uno viaje al tiempo del otro, vino para evitar entrar en problemas e incoherencias en la trama. No hay que olvidar que, si bien W. E. Johns sí trabajó la ciencia ficción, no lo hizo con el personaje de Biggles, con el que siempre intentó ser realista (aunque con matices).

La conexión con los Cuatro Fantásticos

Es innegable que hoy por hoy los superhéroes son el gran género del cine, al igual que en décadas pasadas sucedió con el péplum, el western o el musical, y, si bien todos sabemos que es cuestión de tiempo que deje de serlo, ahora mismo goza de una salud envidiable. Y más que nadie Marvel Studios, que con sus películas y unas cartas muy bien jugadas se ha convertido en la ganadora por mayoría aplastante.

Esto no siempre ha sido así y hubo una época, no tan distante de sus éxitos, en que sus personajes estaban en manos de otras empresas y los filmes que llegaban a la pantalla eran bastante irregulares. O los que no llegaban, como es el caso de *Los Cuatro Fantásticos* de 1994. Un proyecto que se inició tan solo para conservar los derechos sobre los personajes, sin una intención real de estrenarse en salas, pero sin que nadie implicado lo supiera. Es más, llegaron a darse entrevistas y hacerse presentaciones, pero todo fue parte de una simple estratagema empresarial.

¿Y esto qué importa? ¿Está relacionado con *Biggles (El viajero del tiempo)* de alguna forma? Sí, sí lo está. El artista que da vida a Reed Richards, o Mr. Fantástico (líder del cuarteto), es interpretado por el mismísimo Alex Hyde-White, es decir, el actor que da vida a Jim Ferguson. Este actor, principalmente secundario, también ha participado en proyectos de mayor calado como *Indiana Jones y la última cruzada*, *Pretty Woman* o *Atrápame si puedes*.

«Nunca he sentido otra cosa que alegría por haber tenido la oportunidad de interpretar a Reed Richards.»
Alex Hyde-White

El resto del reparto lo conforman Rebecca Staab como la Mujer Invisible, Jay Underwood como la Antorcha Humana, Carl Ciarfalio y Michael Bailey Smith como Ben Grimm/Cosa, y Joseph Culp como el Doctor Muerte. La dirección recayó en manos de Oley Sassone, que luchó para sacar adelante el proyecto con un presupuesto muy exiguo, y más cuando se enteró de los auténticos planes de la productora, con guion de Craig J. Nevius y Kevin Rock.

Un dato curioso:

Joseph Culp regresó al universo Marvel en 2020 al dar vida a Franklin Delano Roosevelt en *Agentes de S.H.I.E.L.D.*

Muy posiblemente los dos nombres más vistosos y conocidos de toda esta película sean el de George Gaynes, quien fue el inolvidable Comandante Lassard de la saga *Loca academia de policía*, y Roger Corman, que sirvió como productor ejecutivo y asesor. En ocasiones se llega a leer que fue el director del filme, pero es un error. Si quieres saber más sobre esta película te recomiendo (además de verla) el documental *Doomed: The Untold Story of Roger Corman's the Fantastic Four* del año 2015.

Biggles en otros medios

Todos conocemos casos en los que el cine, el cómic o la televisión se han basado en éxitos preexistentes para crear sus producciones con mayor o menor fortuna y el piloto inglés también ha tenido su ración de saltar a otros medios.

Del cómic al videojuego

A pesar de no haber resultado un filme exitoso, *Biggles (El viajero del tiempo)* fue pensado y promovido como una gran superproducción y, por ello, no faltaron sus adaptaciones más allá del cine. En concreto, las aventuras del intrépido aviador y su aliado americano llegaron también al mundo de las viñetas y de los videojuegos.

En el caso de la adaptación a cómic, en realidad, fue una estrategia publicitaria, un acto de marketing enfocado a dar a conocer la película con un total de seis tiras de prensa que recogían escenas del metraje. Aparecieron en la revista *Battle Action Force* en 1986, aunque también pudieron verse en *New Eagle* y otras cabeceras. El artista detrás de estas tiras es Arthur Ranson, quien también ha trabajado con personajes muy conocidos como Batman o Juez Dredd.

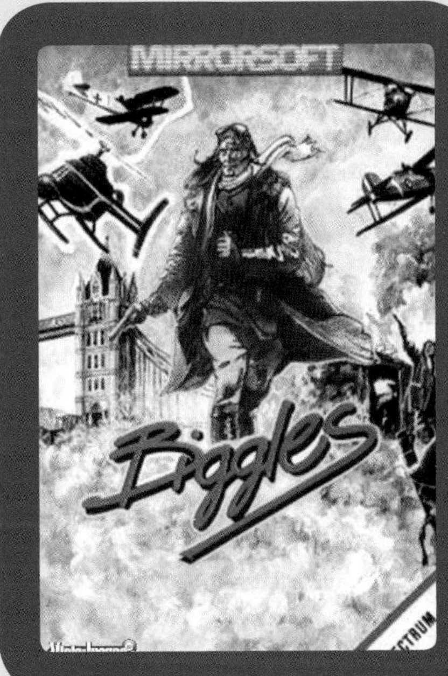

Por supuesto, estas tiras, aunque recogían la esencia de la trama, no llegaban a presentar su conclusión, algo que se dejaba para la gran pantalla con la esperanza de que así el público acudiera. Sí, exactamente igual que un trailer, esa es la idea. La promoción se completaba con un descuento de una libra llevando recortada la tira, o al menos el cajetín con el anuncio, a cualquier cine afiliado.

El videojuego llegó al mercado en el mismo año del estreno de la película, realizado por Mirrorsoft para los ordenadores Amstrad CPC, Commodore 64 y ZX Spectrum sigue muy de cerca el argumento de la historia. Con igual lógica, las diferentes misiones a realizar incluían escenarios del Londres actual (según el filme) y la Primera Guerra Mundial.

Un dato curioso:

Si las fuentes consultadas no erran en este dato, en varias partes del mundo se pudo disfrutar antes de la versión en ordenador que en gran pantalla.

Serial de radio y serie de televisión

El joven piloto Biggles llegó a ser todo un icono en Inglaterra; muestra de ello son sus decenas de novelas y los varios intentos de hacer una película cinematográfica. Lo que sí se había conseguido con anterioridad es que el personaje viera sus vivencias en la radio y en la pequeña pantalla.

Con el título de *The Air Adventures of Biggles* se emitió entre 1945 y 1954 un serial radiofónico centrado en sus aventuras que contó con un total de más de 1000 episodios, de los cuales a cada 30 o 40 se narraba una historia al completo. Algunas de las novelas que se adaptaron fueron *Biggles in the South Seas*, *Biggles Breaks the Silence*, *Biggles Delivers the Goods* y *The Black Peril*, entre otras, todas ellas con varias licencias, cambios de lugar y modificaciones varias.

Un dato curioso:

Brian Wright, guionista en *The Air Adventures of Biggles*, también trabajó en Doctor Who en el serial «The Ark«.

Por lo que se refiere a la televisión, sucedió en 1960, a lo largo de 44 episodios, que contaron con Neville Whiting como el aguerrido piloto, un actor que no tuvo precisamente una gran carrera y que quizá sea más recordado por su último papel, el de Vernon Crawford en la longeva *Crossroads* (estuvo en antena entre 1964 y 1988). La serie gozó de bastante fama, llegando a ser portada de la revista *TV Times*, además de haber sido recopilada en DVD en el año 2009.

John Hough, un director muy inglés

La existencia de esta película va ligada al interés de la misma por el director John Hough; es muy probable que de no ser por su pasión y empeño este filme hubiera terminado en el infierno de Hollywood por otros tantos años. Así que se merece unas pocas líneas, al menos, en modo de agradecimiento.

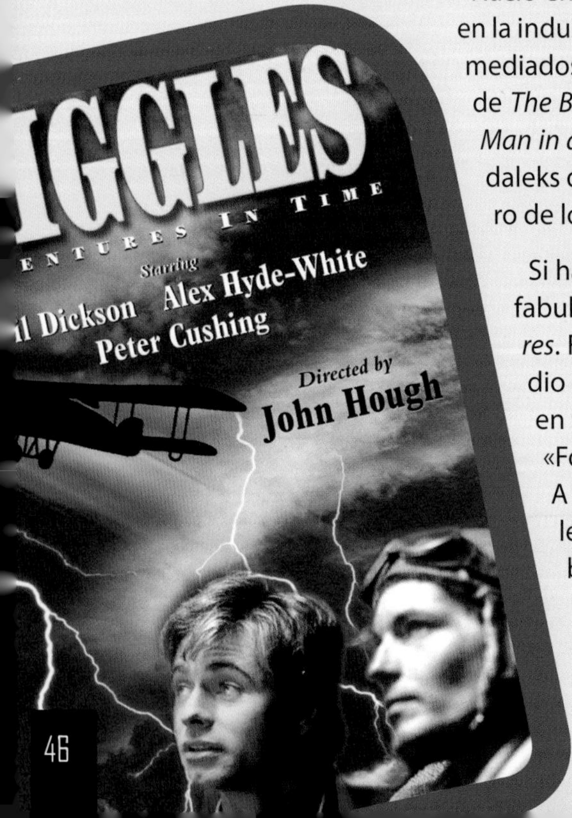

Nació en 1941 y con poco más de veinte años comenzó a trabajar en la industria audiovisual. Sus primeros trabajos se encuentran ya a mediados de los años sesenta como director de la segunda unidad de *The Bargee* (en realidad en este era asistente del director), *The Man in a Looking Glass*, con guion de Terry Nation, creador de los daleks de *Doctor Who*, o la serie *El barón*, que se adscribe al género de los espías tan en boga en aquella época.

Si hablamos de espías y agentes secretos en Inglaterra en esa fabulosa década, entonces, sí o sí, hay que mentar *Los vengadores*. Fue en esta más que icónica cabecera donde John Hough dio el salto y pasó de director de la segunda unidad a director en toda regla en cuatro episodios («Homicide and Old Lace«, «Fog«, «The Morning After« y «Super Secret Cypher Snatch«). A partir de este momento su carrera alternará a partes iguales entre televisión y cine, manteniendo siempre un estimable saber hacer y unas películas más que dignas.

Es llamativo que una gran parte de su trabajo esté ligado a las adaptaciones de novelas y personajes literarios, más allá de *Biggles (El viajero del tiempo)*, que seguramente sea su título más conocido. De esta forma, se puede hablar de *La leyenda de la mansión del infierno*, con guion de Richard Matheson en base a su propia novela, el filme de culto *La montaña embrujada* y otras tantas, que incluyen su última producción, *Mal Karma,* que presenta a una joven que se cree la reencarnación de Jack, el destripador.

Y, por supuesto, no pueden olvidarse *La isla del tesoro* y *Drácula y las mellizas*. La primera se basa en el conocido libro de Robert Louis Stevenson, autor del que también adaptaría *La flecha negra*, que contó con el mismísimo Orson Welles como uno de sus guionistas y para dar vida al siempre esquivo Long John Silver. La segunda es una de las muchas producciones de terror de la Hammer basadas en el mito del vampiro (en concreto en *Carmilla,* de Sheridan Le Fanu) y en la que John Hough trabajó con Peter Cushing, años antes de volver a verse en *Biggles (El viajero del tiempo)*.

Peter Cushing, un actor de carácter

Biggles (El viajero del tiempo) tiene el triste honor de ser la última película que contó con el gran Peter Cushing, actor veterano que con este filme alcanzaba los 131 trabajos en el mundo audiovisual. Un intérprete que será recordado por papeles como el Grand Moff Tarkin de *La guerra de las galaxias;* Sherlock Holmes, al que interpretó desde 1959 y hasta 1984 en varios títulos; por supuesto, el Doctor Who cinematográfico, del que se habla en el anterior *Viajes en el tiempo*; y su Van Helsing para las producciones de monstruos de la Hammer.

> «Siempre me he preguntado qué era un Grand Moff.»
> *Peter Cushing*

Su interés por el mundo de la actuación estaba dentro de él desde pequeño, lo que como buen inglés le llevó de forma irremediable al teatro, algo que nunca abandonó del todo, aunque su auténtico destino le esperaba en la gran pantalla. Su primer trabajo en el cine, sin acreditar, fue en 1939 en *La máscara de hierro*, que se basaba en

la conocida obra *El vizconde de Bragelonne*, de Alexandre Dumas; poco a poco fue creciendo y en 1948 tuvo su gran oportunidad como Osric en el *Hamlet* de Laurence Olivier. A partir de este momento su rostro y nombre empiezan a ser habituales, tanto en telefilmes como en películas cinematográficas.

A lo largo de su trayectoria ha trabajado a las órdenes de directores como John Houston, en *Moulin Rouge*; Terence Fisher, en *Frankenstein y el monstruo del infierno* (y otros tantos títulos); o el trío conformado por Jim Abrahams, David Zucker y Jerry Zucker, Z/A/Z Productions, en la divertida e irreverente *Top Secret!*. De igual forma ha compartido cartelera con muchos otros grandes actores, pero sin duda siempre será recordado al lado de Christopher Lee, y es que sus filmes, como Van Helsing y Drácula, fueron muchos, muy queridos y todavía hoy recordados.

Un dato curioso:

Para el personaje de Tarkin debía llevar botas pero estas le molestaban, así que grabó sus escenas en zapatillas.

W. E. Johns, de militar a escritor

William Earl Jones nació en 1893 y antes de ser escritor fue piloto durante la Primera Guerra Mundial; de esa experiencia y otros momentos de su vida nació Biggles. Pero no corramos, vayamos paso a paso.

Desde niño Johns deseaba ser militar aunque su camino primero le hizo parar en otro oficio bien diferente: inspector sanitario. Al menos así fue hasta que en 1913 se alistó y entró a formar parte del Norfolk Yeomanry, un regimiento de caballería voluntario en el que sirvió hasta 1916, cuando fue transferido al Machine Gun Corps, y de ahí hasta el Royal Flying Corps en 1917. No obstante no se puede hablar de su vida en la aviación hasta el año siguiente, cuando fue transferido al escuadrón n.º 55 de la RAF (Royal Air Force), donde fue nombrado oficial en 1920. Renunciaría a su cargo en 1931 tras haber pasado casi un lustro en la reserva.

Tiempo más tarde, cuando ya llevaba años como escritor, creó al que sería su personaje de mayor calado, Biggles, que apareció por primera vez en la revista *Popular Flying* en el relato «The White Fokker«, posteriormente recogido en el volumen *The Camels Are Coming* (en ambos casos en 1932). Su éxito provocó que fuera tan solo el comienzo de una larga saga conformada por varias decenas de libros. El nombre completo del personaje es James Bigglesworth, un joven de 17 años que se alista mintiendo sobre su edad real, un héroe muy británico con aires de caballero que poco a poco va creciendo y madurando.

«Empiezo a trabajar a las ocho de la mañana,
también los fines de semana.
Escribo todo a mano.»
W. E. Johns

Por supuesto, Johns creó otros tantos personajes, pero, en general, todos tenían algo en común: ser militares. Ya fuera un expiloto que se convierte en un luchador contra el crimen, un oficial de vuelo capaz de las más sorprendentes hazañas e incluso un capitán retirado de la RAF que vive aventuras de ciencia ficción; pero el mundo de Biggles es muy poderoso y tanto este como sus compañeros hicieron también aparición en otras novelas fuera de las suyas propias, conformando así un único y rico universo.

El autor falleció de forma repentina en 1968 con 75 años. Estaba trabajando, se tomó un descanso para ir a preparar una taza de té para él y su esposa, subió de nuevo las escaleras, se sentó en su sillón y sufrió un infarto que segó su vida sin dejarle siquiera terminar la frase que había dejado a medias.

«With considerable reluctance Bertie backed away from...»
«Con considerable desgana, Bertie retrocedió.»

Última frase escrita, e inconclusa, por el autor.

Dejó tras de sí más de un centenar de novelas e incluso los manuscritos completos para otras cuatro que se publicaron en 1970. La última de ellas (la número 97), *Biggles Does Some Homework*, que no llegó a terminar, presentaba a Biggles y su amigo Raymond pensando en jubilarse en busca de un sustituto adecuado para el ya veterano piloto.

Otros cambios de época

Todos los viajes en el tiempo conllevan un cambio de época, es lo suyo, pero en ocasiones este no parece tener una explicación real. Es decir, tan solo sucede y ya está, al menos en un comienzo, ya que en ocasiones, con el devenir de la trama, todo se aclara.

Medianoche en París

Comedia escrita y dirigida por Woody Allen y protagonizada por Owen Wilson que nos presenta a un guionista de Hollywood que durante unas vacaciones en París se ve trasladado al año 1920. Es entonces cuando intercambia ideas y comentarios con grandes nombres como Cole Porter, Scott Fitzgerald, Josephine Baker, Ernest Hemingway o Pablo Picasso. El filme cuenta con un gran reparto coral con intérpretes como Kathy Bates, Rachel McAdams, Michael Sheen, Marion Cotillard o Léa Seydoux, y fue premiado en 2011 con un Oscar en la categoría de Mejor guion original.

Peggy Sue se casó

Peggy Sue Got Married es una canción del año 1959 del cantante Buddy Holly, pero también es el título de una película de 1986 protagonizada por Kathleen Turner. Dirigida por Francis Ford Coppola por encargo (y sin muchas ganas) y nominada en tres categorías de los Oscar, narra la historia de Peggy Sue, quien sufre un ataque al corazón tras una fiesta de aniversario de su promoción y al despertarse lo hará en el pasado. Todavía está en el instituto, vive con sus padres, su marido es su novio y ha cambiado la década de 1980 por la de 1960, y quizá esta vez sea capaz de enmendar los errores que no pudo la primera vez.

Ha vuelto

¿Y si Adolf Hitler apareciera en el mundo actual? ¿Qué sucedería? ¿Se repetiría la historia? En esas mismas cuestiones ahonda la comedia satírica alemana *Ha vuelto*, estrenada en 2015 y basada en la novela de mismo nombre escrita por Timur Vermes. El filme no deja un momento de descanso al espectador, es desternillante de principio a fin y lanza unas muy claras reflexiones sobre la crisis de referentes y quiénes somos como sociedad. Está dirigido por David Wnendt y coescrito por Mizzi Meyer.

Las aventuras de Peabody y Sherman

Un perro y su chico

El edificio era una alta torre de cristal diseñada por él mismo. ¿Por quién? ¡Eso me estáis preguntando? ¿¡De verdad no lo sabéis?! Me parece increíble, pero os lo voy a decir…

¡El señor Peabody! ¡El único e inigualable!

Dentro de esa torre que él mismo había diseñado, estaba sentado mirando y olfateando atentamente la ciudad; en su mano tenía un batido de fresa recién hecho y en la mesita que había a su lado una cena a medio comer. Estaba inquieto, pero no sabía porqué.

Y para el señor Peabody todos los porqués necesitan una respuesta; no se llega a ser el perro más listo del mundo sin esforzarse en ello.

Así que se levantó y caminó hasta acercarse al cristal, miró hacia abajo y contempló las luces que iban y venían. Apenas se podía ver a la gente, desde tan alto parecían hormigas.

Lanzó un suspiro.

–Lo he hecho todo. Me he graduado Can Laude, he patentado multitud de inventos, sé tocar flamenco y el sitar, soy un gran cocinero… –Sus palabras dejaban entrever una enorme melancolía, pero no parecía haber causa aparente.

Entonces sus ojos se fijaron en una pareja que paseaba por la calle; tocó sus gafas para activar el ampliador de imagen automatizado y poder ver mejor la escena. Parecían felices, los tres lo parecían. Un padre, una madre y una pequeña...

… una hija.

Por un momento permaneció en silencio, un silencio solo roto por los engranajes de su fascinante mente trabajando.

–¡Eso es! –gritó exultante de alegría– ¡Un hijo! ¡Esa es la única barrera que no he superado! –Sonreía mientras hablaba– Ese es el gran enigma, ¿seré capaz de criar un niño humano como si fuera mi hijo?

Esa era la incógnita que, sin saberlo, había estado atenazando su mente. Y cualquier pregunta que sea digna de hacerse merece ser respondida.

¡El señor Peabody iba a convertirse en papá!

Diversión y aventuras para toda la familia

Los personajes del señor Peabody y Sherman nacieron a finales de la década de 1950 y aunque siempre han gozado de cierto reconocimiento entre los amantes de los dibujos animados y la cultura pop, parecía que el mundo de la televisión y el cine los había dejado bastante atrás. El problema es que si bien funcionaban en su momento dejaron de hacerlo con el devenir del tiempo; hacía falta una actualización de ideas y conceptos sin dejar de ser fieles a las raíces y la esencia (lo que no siempre es sencillo, es más, suele ser bastante complejo).

No se logró hasta 2014 a pesar de que el proyecto llevaba en marcha desde el año 2003. En un primer momento se pensó mezclar dibujos con imagen real como en *Las aventuras de Rocky y Bullwinkle*, se descartó y la idea resucitó tres años más tarde en 2006 dentro de la productora DreamWorks, con la propuesta de ser íntegramente de animación por ordenador. El guion original iba a ser de Andrew Kurtzman, no así el que llegó a las pantallas que fue firmado por Craig Wright y Robert Ben Garant, eso sí, basado en el argumento ya escrito; la dirección

recayó en manos de Rob Minkoff, cuyo nombre estaba asociado a esta película desde la primera intentona.

Por otro lado, Tiffany Ward, hija de Jay Ward, creador de los dos personajes, también estuvo implicada casi desde el principio. El propio Minkoff contactó con ella para que trabajara mano a mano con el equipo y así lograr ser fieles a las ideas y la esencia de este niño y perro tan queridos por el público norteamericano. No fue un camino de rosas y el largo tiempo de desarrollo lo deja claro, pero nadie puede negar que el resultado final es estupendo, divertido y en más de una ocasión enloquecedor, además de tener ese punto educativo que era tan característico de los cortos originales.

«Todo el que me conozca sabe que para mí interpretar a un genio es una tarea hercúlea».
Ty Burrell

Como protagonistas se contó con Ty Burrell y Max Charles para ser, respectivamente, el señor Peabody y el niño Sherman, demostrando en todo momento una gran química que traspasa la pantalla. Burrell es bien conocido por todos por su papel de Phil Dunphy en *Modern Family* y poco tiempo antes de este filme había participado como actor de voz en *The Super Hero Squad Show* como el Capitán Marvel; por su lado el joven Max Charles ya había sido visto por el público en *The Amazing Spider-Man* y *The Amazing Spider-Man 2: El poder de Electro* como el Peter Parker niño o en otros títulos, como las televisivas *Navidad en noviembre*, *My Life as an Experiment* o en otro refrito cinematográfico de un viejo título catódico como fue *Los tres chiflados.*

Un dato curioso:

En principio Robert Downey Jr. Iba a ser el señor Peabody, pero tuvo que ser reemplazado por sus compromisos con Marvel Studios.

El resultado final de toda la mezcla fue del agrado del público y la crítica (con matices, claro está); Mark Kermode, de *The Observer,* escribió «Me alegra informar de que lo último de DreamWorks ofrece un flujo bastante consistente de bromas visuales y payasadas vocales, incluso cuando la trama se desvía salvajemente por un agujero de gusano en el continuo espacio-tiempo.», Colin Covert, en el *Star Tribune*, alabó su capacidad para mantener la esencia original al decir «Qué alivio ver que si bien el aspecto del señor Peabody y Sherman se ha mejorado para los elegantes estándares del siglo XXI, el encanto esencial de la serie sobrevive más o menos intacto».

Problemas en el espacio-tiempo

En la serie original la máquina WABAC (se pronuncia igual que *Wayback*, «Vuelta atrás«, es un juego de palabras, y las siglas significan *Wormhole Activating and Bridging Automatic Computer*. Podría traducirse por Computadora automática de activación y puenteo de agujeros de gusano), que permite a los dos protagonistas viajar en el tiempo y el espacio, se representaba con el sencillo efecto de atravesar una puerta, algo ingenioso y además muy económico de hacer. En la película se modificó visualmente con un aspecto mucho más llamativo y que, sin duda alguna, es un claro homenaje a *Terminator*. Lo que no varía es que ambos, el perro y el niño, se vayan metiendo en jaleos.

Pero, a pesar de los peligros del viaje en el tiempo, el crío no duda en llevarse con él, a escondidas, a su amiga Penny con la que va hasta el taller de Leonardo da Vinci, que a ella le recuerda a una tienda de juguetes. Lo cierto es que Sherman es bien consciente de los posibles problemas, ya que comenta que «El señor Peabody dice que no puedes viajar atrás a un tiempo en el que ya existes (…) por que habría dos tús», algo que de forma inevitable llega a suceder con posibles consecuencias catastróficas para todos.

Lógicamente, y dado que es una película enfocada totalmente al público infantil, aunque muy disfrutable como adulto (incluso se atreve a dar algunos términos que los pequeños no conocerán, como el «horizonte de sucesos«), todo saldrá bien. No quedarán paradojas reales, el universo se salvará, todos aprenderán una valiosa lección y crecerán como personas. Y perros, claro.

Un dato curioso:

En el film vemos al señor Peabody firmar como Shakespeare, lo que hace alusión directa al manifiesto *Una duda razonable* encabezado por el actor Derek Jakobi.

«No hay duda, todo perro debería tener un niño.»

Señor Peabody

Viñetas y píxeles para todos

Hoy en día el merchandising está a la orden del día, por lo que a nadie le extrañará que los dos personajes protagonistas de la película tuvieran su propia versión en la línea Pop! de Funko o en los Happy Meals de McDonald's, e incluso vieron sus aventuras llevadas al mundo del cómic y del videojuego. Seamos sinceros, un perro

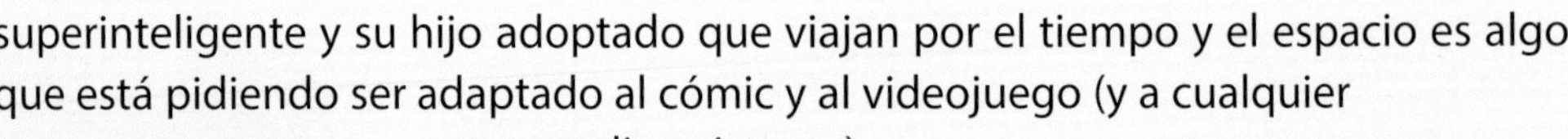

superinteligente y su hijo adoptado que viajan por el tiempo y el espacio es algo que está pidiendo ser adaptado al cómic y al videojuego (y a cualquier otro medio existente).

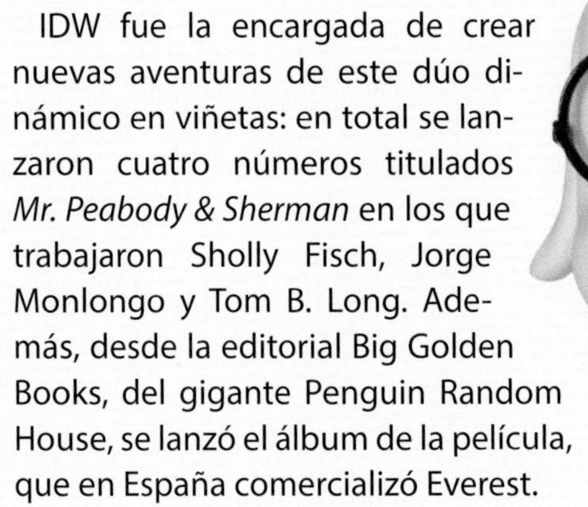

IDW fue la encargada de crear nuevas aventuras de este dúo dinámico en viñetas: en total se lanzaron cuatro números titulados *Mr. Peabody & Sherman* en los que trabajaron Sholly Fisch, Jorge Monlongo y Tom B. Long. Además, desde la editorial Big Golden Books, del gigante Penguin Random House, se lanzó el álbum de la película, que en España comercializó Everest.

Como exclusiva para la App Store de Apple se creó un sencillo videojuego que, con la excusa del viaje en el tiempo, consistía en responder preguntas de todo tipo, incluso algunas sobre otros éxitos de DreamWorks como *Shrek*. El juego fue creado por la empresa canadiense Ludia, firma de la que han salido otros proyectos basados en populares franquicias como *Jurassic World*, *¿Dónde está Wally?* o *Popeye*.

Otros perritos viajeros del tiempo

El señor Peabody es un genio y ha logrado crear él mismo su propia máquina del tiempo, pero esto no le hace ser el único perrito que ha sido capaz de cruzar esa barrera. Y es que los perros lo pueden todo.

Brian Griffin

En los comienzos de *Padre de familia* Brian era el amigo de Peter, al poco tiempo lo vincularon a Stewie en el genial episodio «Road to Rhode Island« (inspirado por las *Road Pictures* de Bob Hope, Bing Crosby y Dorothy Lamour) y a partir de ese momento el personaje empezó a verse metido en chifladas historias imposibles. No hay que olvidar que Stewie es un genio y que como otros científicos locos antes que él ha logrado crear su propio artilugio cronal.

A lo largo de las temporadas este aparato ha sido usado un gran número de veces, como en los episodios «Stu & Stewie's Excellent Adventure«, «The Big Bang Theory« o el excelente «Back to the Pilot«, entre otros. Además, en varios gags insertados se ha visto a uno u otro personaje en épocas distintas a la suya, con el habitual estilo de humor absurdo que caracteriza a esta producción.

Frost, perrito de aventuras

Frost es un can intrépido que se mueve por el espacio a bordo de una nave inteligente, la Duque, enfrentándose al peligro y salvando a otros. En sus historias ha ayudado a Navidoso, el troll de la Navidad, el Rey del Tiempo, la Emperatriz de la Primavera, el Duque del Verano, el Capitán Otoño e incluso al Grinch y a Papá Noel.

En su segunda novela, *Frost, perrito de aventuras: El secuestro espacial*, el perrete es secuestrado junto a su rival, que no enemigo, el Doctor Gato, y entre las andanzas que viven viajan en el tiempo hacia el pasado. En el mismo se toparán con Barba Negra (aunque no con Edward Teach) o el mismísimo Francis Bacon.

Einstein Brown

Regreso al futuro es una saga que ha marcado a generaciones de cinéfilos. De ella se habla en la anterior entrega de *Viajes en el tiempo*, y es que es una aventura extraordinaria e inolvidable; muy seguramente sean las películas de viajes en el tiempo más queridas por el público. Igual de inolvidables son los personajes de Marty McFly y Doc Brown, interpretados respectivamente por Michael J. Fox y Christopher Lloyd, pero, en realidad, ellos no son los primeros en entrar en ese DeLorean tan conocido.

El primer viajero del tiempo que conoce el espectador es Einstein, el perro del científico llamado así en honor a Albert Einstein. Él es quien va dentro del DeLorean en la prueba inicial, manejado por control remoto por el propio Doc, convir-

tiéndose, así, en el primer ser vivo que viaja en el tiempo (que sepamos). Fue interpretado por un perro llamado Tiger en la película y por Danny Man en la serie de dibujos, en la que, además, llega a ayudar a su padre con sus inventos.

Rob Minkoff, un director de leyenda

Para muchos Rob Minkoff es el director de *El rey león*, y lo es, pero la popularidad de este filme ha eclipsado al resto de sus trabajos, también ayudó a hacer de él uno de los realizadores más conocidos del mundo de la animación. Su carrera empezó en 1985, cuando con poco más de veinte años (nació en 1962) inició su andadura dentro de Walt Disney como parte del equipo de la película de culto *Tarón y el caldero mágico*, que se basa en la pentalogía *Las Crónicas de Prydain*, del escritor Lloyd Alexander, tras la que pasaría a otros proyectos como la muy recomendable *Basil, el ratón superdetective*, la generalmente olvidada *La tostadora valiente* o *La sirenita*, que inauguró un periodo de renovación y resurrección de la empresa tras los llamados «Años oscuros« (o «Edad oscura«).

Su entrada en la década de 1990 fue como director de pequeños cortometrajes, de los cuales cuenta con uno que mezcla acción real y animación, protagonizado por el pequeño ratón que lo empezó todo, *Mickey's Audition;* se ambienta en el rodaje de *El botero Willie*, estrenado en 1928. Entonces, apareció *El rey león*, el gran éxito del cine de 1994 que se convirtió rápidamente en un icono de la buena animación y que nunca ha dejado de ser uno de los grandes clásicos de Walt Disney.

Posteriormente, llegaron otros títulos aunque en el mundo de la acción real, desde *Stuart Little 2* a *Atraco por duplicado*, pasando por *El reino prohibido* y *La mansión encantada*. Este último estuvo protagonizado por Eddie Murphy y se inspiraba en una atracción de Disney World, al igual que *Piratas del Caribe: La maldición de la Perla Negra*, con la que compartió año de estreno. En parte, siguió vinculado a *El rey león* gracias al videojuego que se basaba en *El rey león 2: El tesoro de Simba*, a pesar de que no tenía relación con esta secuela.

En su camino también ha trabajado en labores de productor en las series *Rainbow Rangers*, *Stuart Little* o *The Mr. Peabody & Sherman Show* y de guionista en *Quack Pack* o el cortometraje *Roger Rabbit en Lío en el bosque*.

«Hace unos diez años alguien me preguntó si estaba interesado en hacer la película de Peabody y Sherman, a los que conocía muy bien desde pequeño al ser parte de Las aventuras de Rocky y Bullwinkle. Me encantaban los personajes, así que me lancé sobre la oportunidad ser parte de una película sobre ellos.»

Rob Minkoff

Jay Ward, el creador del clásico

¿Dibujos animados en televisión? ¿Eso es posible? Quizá alguien piense que estas son dos preguntas muy obvias pero no tanto en los primeros tiempos de las emisiones catódicas, no fue hasta 1948 que nació la primera serie creada de forma específica para la pequeña pantalla. Se llamó *Crusader Rabbit* y estuvo en antena entre 1950 y 1957, una idea que nació de las mentes de Alexander Anderson y Jay Ward, quien más tarde daría vida a Peabody y Sherman.

A lo largo de sus 69 años de vida (de 1920 a 1989) Jay Ward creó y produjo dibujos animados de todo tipo desde su propia empresa Jay Ward Productions, aunque en un primer momento al terminar en la escuela de negocios sus intereses se centraran en el mercado inmobiliario: mientras se recuperaba de un accidente, decidió que ese no era su camino. Y menos mal que lo hizo, ya que abrió la puerta de la televisión a los dibujos animados y, después, al perder (él y Anderson) los derechos sobre *Crusader Rabbit,* se lanzó a idear otros personajes que ofrecer a las cadenas, cuyos ganadores fueron Rocky y Bullwinkle, que había concebido también junto a Anderson. Su show *Las aventuras de Rocky y Bullwinkle* empezó a emitirse en 1959 y poco a poco fue ganando audiencia gracias a su humor y buen acabado.

Por desgracia, y como siempre sucede, no todo el monte es orégano y su historia también tiene sus partes oscuras. Tras su muerte, su antiguo amigo y compañero Alexander Anderson inició una campaña contra los herederos de Ward por los derechos de los personajes que ambos habían creado pero que solo estaban a nombre del fallecido.

De 1959 a 2015, dos series separadas por el tiempo

Las aventuras del señor Peabody y el niño Sherman no empezaron como una serie de televisión propia, en realidad, eran pequeños cortos de cinco minutos titulados *El señor Peabody y lo improbable de la Historia* que se incluían dentro del progra-

ma *Las aventuras de Rocky y Bullwinkle* (que en su país de origen ha sido conocido por *Rocky and His Friends*, *The Bullwinkle Show*, *The Rocky and Bullwinkle Show*, *The Adventures of Rocky and Bullwinkle* o *The Adventures of Rocky and Bullwinkle and Friends*). La esencia básica es la misma que hay en la película de 2014, el señor Peabody es la persona más inteligente del mundo y decide adoptar un niño llamado Sherman, por uno de sus cumpleaños inventa una máquina del tiempo para él y el resto es historia.

Literalmente, es historia, de forma literal, ya que en sus viajes visitan a Nerón, Vasco Núñez de Balboa, Calamity Jane, Beethoven, Galileo, Annie Oakley o a Enrique VIII, entre otros muchos, siempre con una base educativa pero sin que eso restara espacio a la locura y la diversión. Y aunque se podía notar una buena química entre Bill Scott (también voz principal en *George de la jungla*) y Walter Tetley (quien fue Andy Panda en *El show del Pájaro Loco*) como el señor Peabody y Sherman respectivamente, existe una diferencia básica en la relación entre ambos personajes con el filme de 2014: aquí el beagle trata de forma estricta, pero justa, a Sherman, como si fuese una mascota rebelde y no tanto como un hijo real.

Modernizando el pasado

Lógicamente, el estreno de su primera gran película de cine conllevó que los personajes volvieran a estar en boga y, como consecuencia de ello, pasaron a tener su propio espectáculo, dejando atrás el ser un inserto en la función de otro. Así, entre 2015 y 2017 y de la mano de Netflix, se emitió el *The Mr. Peabody & Sherman Show*, en el que Max Charles repitió en su papel de Sherman pero con la ausencia de Ty Burrell: en su lugar estaba Chris Parnell, un veterano actor de televisión y de voz que hoy en día es principalmente conocido por su rol de Jerry Smith en la excéntrica e imprescindible *Rick y Morty*.

Aquí la forma de funcionar es diferente a lo visto con anterioridad, los dos personajes presentan un *late night* grabado en su propio ático, en un total homenaje al *Playboy's Penthouse* de Hugh Hefner, con público en directo y personajes históricos que llegan desde todo momento imaginable del pasado. El programa contó con famosos como voces invitadas, nombres como Tara Strong, Gary Busey o Margaret Cho, quienes interpretaron a Catalina la Grande, un señor Peabody de un universo alterno y a Mulán, y aunque tenía buena factura y era divertido no terminó de encajar con los gustos de su audiencia potencial (en teoría los más pequeños, en la práctica muchos adultos nostálgicos) saldándose con tan solo 52 episodios emitidos.

También en dibujos

Muchas veces cuando pensamos en viajes en el tiempo nuestra mente va directa al cine de acción real cuando lo cierto es que el mundo de los dibujos animados también tiene su dosis de este género, como la aventura espacial que es *Lightyear* o *La chica que saltaba a través del tiempo*. Y es que los periplos cronales pueden surgir desde cualquier propuesta.

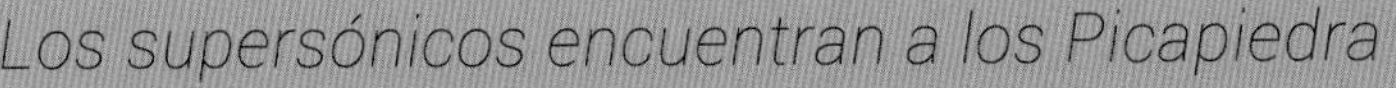

Los supersónicos encuentran a los Picapiedra

El miembro más joven de la familia Supersónico, o Jetson en el original, inventa una máquina del tiempo que los lleva a todos al pasado y allí se topan con otra más que conocida familia, los Picapiedra. Dado que todos los personajes eran creaciones de Hanna-Barbera, era inevitable que hubiera un cruce entre ambas franquicias; si bien unos están en el futuro y otros en la prehistoria, esto no supone un problema: la diversión no conoce obstáculos.

La película contó con las voces clásicas de George O'Hanlon como George Supersónico y Henry Corden como Pedro Picapiedra, también otros como Penny Singleton, Daws Butler o Jean Vander Pyl. Además del increíble talento de Mel Blanc, conocido como «El hombre de las mil voces», profesional que había trabajado en ambas series y cuyas cuerdas vocales dieron vida a Pablo Mármol, el Pato Lucas, Bugs Bunny...

Cenicienta: Qué pasaría si...

¿Un viaje en el tiempo con una princesa Disney? Sí, eso mismo. Además, resulta ser una película muy bien pensada y realizada. La propuesta nos lleva hasta el primer aniversario de bodas del príncipe y la joven, pero la amargada y resentida Lady Tremaine logrará hacerse con la varita mágica del Hada Madrina para viajar hasta el pasado. ¿A cuándo? Al momento en que el Gran Duque va a su casa a probar el zapatito de cristal, y gracias a la magia hará que este encaje en el pie de su hija Anastasia.

Este proyecto de 2007 directo al mercado doméstico, que debido a su calidad bien podría haberse estrenado en salas, contó con la dirección de Frank Nissen, más habitual a los guiones, que dos años antes ya había estrenado el largometraje *La película de Héffalump*. La trama salía de las manos de Dan

Berendsen, Margaret Heidenry y Colleen Millea Ventimilia, aunque solo el primero tenía experiencia previa, y posterior, como tal en películas y series como *Papá canguro, Superhéroe a la fuerza* o *Sabrina, cosas de brujas*.

Futurama - El gran golpe de Bender

Futurama es una de las grandes series de televisión que más maltratadas han estado por las cadenas, a pesar de sus muchos vaivenes y repetidas cancelaciones ha contado siempre con un público fiel y el aplauso de la crítica. Esto es debido a su calidad, su humor sarcástico, sus personajes y lo imaginativa que era en cada capítulo o película.

Futurama - El gran golpe de Bender fue la primera de cuatro largometrajes lanzados directamente a DVD. Llegó en 2007 y lleva a Bender al pasado con consecuencias varias, diferentes líneas de tiempo e incluso algún bucle temporal. El cómo y el porqué es mejor no desvelarlo, este filme animado (y los siguientes) tienen que ser vistos y disfrutados. No voy a ser yo el que te quite ese placer.

Un dato curioso:

Bender viaja atrás en el tiempo por un código binario: es este 001100 010010 011110 100001 101101 110011.

Frequency

Radioaficionados temporales

El cielo sigue luciendo ese aspecto extraño, como si la aurora boreal pudiera verse desde cualquier parte del mundo. Es a la vez hermoso y aterrador, al menos lo fue el primer día; después de eso nadie parece haber prestado mucha atención. Tampoco yo, tengo mucho en qué pensar.

Me doy la vuelta y me siento una vez más delante de la vieja radio de mi padre, Frank Sullivan, el hombre que me lo enseñó todo. Crepita y puedo oír la estática que se filtra a través de ella, casi como si pudiera hablar, como si me llamara. Oigo una voz, he debido dejarme la televisión o la radio encendida; es un científico que habla sobre manchas solares y sus posibles efectos en las comunicaciones, ¿será este uno de ellos?

Mi padre murió en un incendio cuando yo era pequeño, fue un héroe. Lo recuerdo, en mi mente veo su ataúd, sus amigos en su funeral, las lágrimas cayendo por las mejillas de mi madre… Pero también recuerdo otra cosa; recuerdo que no murió, que logró zafarse de lo que parecía una muerte segura, me vio graduarme en la Academia de policía, estuvo a mi lado hasta que el cáncer se lo llevó...

¿Es posible haber vivido dos vidas distintas? Lo hemos cambiado todo, no sé explicarlo pero es así. La radio nos ha unido a través del tiempo, el tiempo que perdimos

lo estamos recuperando y mucho más que eso, estamos cambiando las vidas de otros, evitando que mueran inocentes.

¿De verdad ese niño con el que hablé era yo mismo? Lo recuerdo, claro está, pero más como una ensoñación. Parece que mi mente, o quizá el propio universo, atenúe los cambios que sufro por dentro para que no me desmorone, para que no enloquezca. ¿Quién podría vivir con los recuerdos de una vida que es diferente cada día?

La radio crepita una vez más y oigo su voz, clara y fuerte, como siempre lo fue en vida. Está ahí, esperando para hablar conmigo y no puedo evitar sonreír. Soy un hombre adulto, un policía experimentado, pero en el fondo no soy más que un niño que quiere poder ver a su padre un día más.

El sueño de todo huérfano

Voy a ser muy directo, mi padre se suicidó cuando yo tenía veinte años. Es complicado explicar todos los sentimientos que azotaron mi mente y mi ser en ese momento, pero lo que sin duda tengo claro es que me encantaría poder verle una vez más. ¿Quién no desea poder dar un último abrazo a esa persona que ya no está ahí? ¿Acaso no querríamos todos dar otro paseo con ese perrito que se fue al cielo?

Frequency no es solo una película que juega con el tiempo, es también una carta de amor a todos los que hemos perdido. A lo que fueron y significaron para nosotros, a cómo cambiaron nuestra vida y a los indelebles recuerdos que dejaron en ella. Esto es algo que Gregory Hoblit logra enseñar y mostrar como solo alguien que ha tenido una pérdida cercana sabe, y eso es algo que logra traspasar la pantalla.

El filme no es solo un recomendable título que mezcla el periplo cronal con un thriller policíaco, que lo es, ahonda más allá y habla sobre la importancia de los demás, de los que han estado a nuestro lado, sobre qué estamos dispuestos a hacer para salvar a los que queremos, algo que se logra gracias a las actuaciones de sus dos actores protagonistas, Jim Caviezel y Dennis Quaid. En palabras de Lisa Schwarzbaum de *Entertainment Weekly* en el momento de su estreno, el año 2000, «puede que sea la primera película de fantasía capaz de conmover a un público realmente adulto».

Un dato curioso:

Este es el primer film en el que aparece el actor Michael Cera.

Si bien es cierto que en el momento de su estreno recibió críticas mixtas, desde los que alababan su propuesta y el adentrarse en un terreno sentimental a los que consideraban que eso mismo era un error, siempre ha tenido sus defensores y con el paso del tiempo se ha convertido en una película de culto. Además, gracias a lo sencillo de su puesta en escena,

una conversación a través del tiempo que se mantiene a través de una vieja radio, ha hecho que aguante muy bien los años pasados desde su estreno en cines.

«Pasé de *La delgada línea roja* a *Frequency*, era muy nuevo en el mundo de los rodajes. Creo que en ese momento estaba empezando a ser realmente yo mismo.»

Jim Caviezel

Un sencillo viaje en el tiempo

Las representaciones de los periplos cronales son muy diversas y en este filme apuestan por algo muy sencillo: una radio que permite ir a la voz del presente al pasado y viceversa. Por supuesto, estamos ante una película americana y por ello todo debe quedar explicado, así que, según comenta el científico Brian Greene (que se interpreta a sí mismo) en televisión, «las manchas solares afectarán a las comunicaciones por radio unos seis o siete días».

De igual forma se aclara que «la teoría cuántica nos indica que aunque los dígitos completos de pasado, presente y futuro resultan útiles en la vida cotidiana, puede que se esfumen y sean reemplazados por una compleja formulación en la que el tiempo sea más flexible de lo que nadie pudiera llegar a imaginarse», de nuevo para dejar todo mascadito y claro. Según avanza la película comprobamos cómo el tiempo se reescribe y la historia cambia, lo que se hace en el pasado tiene sus consecuencias en el futuro.

A esto se añade que se llega a hablar de la teoría de cuerdas y el hecho de que quizá exista más de una dimensión temporal, algo que no es nuevo en la ciencia ficción y tampoco en la especulación científica. Puede ser una argumentación viable a por qué un viaje en el tiempo al pasado no afecte al futuro.

La cosa va de series

No es nada extraño que cuando una película de cine tiene éxito o una premisa interesante, esta llega a convertirse en una serie de televisión. Ejemplos hay muchos, desde *12 Monos* a *Los pasajeros del tiempo* y *Regreso al futuro*, de las que se habló en el volumen anterior de *Viajes en el tiempo*, a *Una chica explosiva*, *Ash vs. Evil Dead*, *Obi Wan Kenobi*, *Westworld* y muchas más de una lista realmente amplia. Si bien *Frequency* no fue un enorme taquillazo, sí resultó una película entretenida que, además, tiene una muy fácil forma de ser trasladada a la pequeña pantalla.

La serie americana

Estrenada en 2016 y con tan solo una temporada, 14 episodios en total, *Frequency* se emitió en CW (aunque en ciertos países fue a través de Netflix) y logró buenas críticas, pero no así el público necesario para seguir adelante con el producto. La trama era muy similar a lo ya visto, ambientada en la actualidad (es decir, en 2016 en este caso y en el 2000 en el cine) presenta a Raimy Sullivan, una policía que descubre que puede hablar con su padre, Frank, a través de una vieja radio. El creador de la serie fue Jeremy Carver, quien también está detrás de la versión americana de *Casi humanos* y la aplaudida *Doom Patrol*, que encabezan Brendan Fraser y Timothy Dalton.

«Siempre he amado la película y de ahí surgió todo. Me encanta la conexión central entre padre e hijo, y ahí vi una oportunidad de ampliarlo todo en una posible serie de televisión.»

Jeremy Carver

Para dar vida a los dos protagonistas, Raimy y su padre Frank, se contó con Peyton List y Riley Smith. La primera era conocida en ese momento por haber dado vida a Jane Sterling en *Mad Men*, a Lisa Snart en *The Flash* y a Lindsey Beckwith en *Sensación de vivir: La nueva generación*, serie en la que coincidió con el segundo como Riley Wallace, quien es más recordado por su participación en *True Blood* como Keith.

La serie surcoreana

Bajo el nombre de *Sigeuneol* se estrenó en Corea una serie basada de forma directa en *Frequency* pero también inspirada por los crímenes reales de Lee Choon Jae, conocidos como los asesinatos en serie de Hwaseong, en los que terminó con la vida de 15 mujeres (y niñas) entre 1986 y 1994. Esta mezcla fue del agrado del público y en su país fue aclamada, logrando una buena cuota de pantalla.

La premisa es la ya conocida en la que horribles sucesos del pasado serán alterados con ayuda del presente, en este caso sin que haya relación familiar entre ellos y con un walkie-talkie en vez de una radio pero con las esperables consecuencias de jugar con el tiempo. La producción se hizo con varios premios, como los dedicados a Mejor Guion y Mejor Actriz en los 52º Baeksang Arts Awards.

La serie japonesa

Con el nombre *Signal: Long-Term Unsolved Case Investigation Team* encontramos esta versión televisiva de *Frequency*, o más bien una adaptación japonesa de la serie coreana que se realizó en 2018. De nuevo, con un detective del presente y uno del pasado trabajando juntos a través de un walkie-talkie, con el protagonismo de Kentarô Sakaguchi, Michiko Kichise y Kazuki Kitamura. La cabecera contó con una canción del popular grupo BTS y una secuela en forma de película titulada *Gekijôban: Signal*, en la que los actores de televisión se metían de nuevo en la piel de sus personajes.

De Jim Caviezel a Dennis Quaid

Una de las claves de que *Frequency* logre funcionar es la actuación de sus dos protagonistas, Jim Caviezel y Dennis Quaid, que, a pesar de estar muy poco tiempo juntos en pantalla, consiguen transmitir la sensación de estar viendo a un padre y un hijo. Claro está que hablamos de dos actores que ya contaban con bastante experiencia, algo que se nota en todo momento.

Jim Caviezel es John Sullivan

Jim Caviezel empezó su carrera a principios de los años noventa combinando cine y televisión, pero su gran salto profesional llegó entre 1997 y 1998 con los papeles de Slovnik en *La teniente O´Neil* y de Black John en *La delgada línea roja*. Posteriormente, se afianzó con otros trabajos como *Frequency*, *La venganza del conde de Montecristo* o *La pasión de Cristo*, en la que encarna al propio Jesús, papel al que regresa en 2024 en *La pasión de Cristo: Resurrección*. También ha participado en una película sobre Pablo de Tarso titulada *Pablo, el apóstol de Cristo*, en la que interpretó a Lucas y ejerció como productor ejecutivo, con James Faulkner como protagonista.

Su rostro ha estado muy vinculado a la televisión debido a *Person of Interest*, en la que dio vida a John Reese durante 103 episodios a lo largo de 5 temporadas. Junto con Ian McKellen protagonizó el refrito de *El prisionero* que se estrenó en 2009, pero mientras la serie original de Patrick McGoohan es un hito de la ficción (si queréis saber más de ella os remito al libro *Los sesenta no pasan de moda*), la pretendida versión actualizada es bastante olvidable y sosa a decir basta.

Es llamativo pero su primera pasión no fue la interpretación sino el deporte, más en concreto, el baloncesto. Algo que practicó desde muy pequeño, llegando a ser el jugador estrella de uno de los equipos en los que estuvo en su etapa de estudiante, pero una lesión durante sus años universitarios lo alejó para siempre de sus sueños de llegar a estar en la NBA.

Un dato curioso:

Jim Caviezel fue la primera elección para ser Cíclope de los X-Men cinematográficos, pero por su agenda con *Frequency* no fue posible.

Dennis Quaid es Frank Sullivan

Dennis Quaid entró en el mundo del cine en 1975, no acreditado en *Tres mujeres peligrosas*, y desde entonces nunca ha dejado de actuar en la gran pantalla, y de forma ocasional también ha estado implicado en películas y series televisivas. Es cierto que su mejor momento, o el de mayor popularidad, puede que haya quedado en el pasado, pero contar con él en cualquier producción es siempre un acierto.

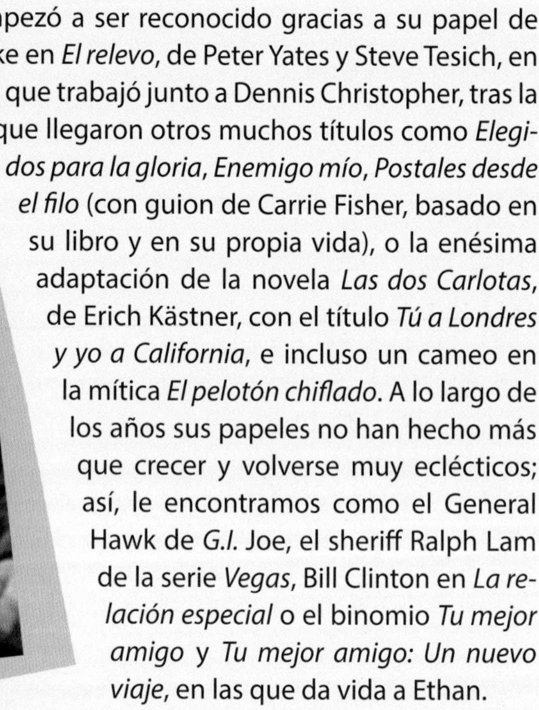

Empezó a ser reconocido gracias a su papel de Mike en *El relevo*, de Peter Yates y Steve Tesich, en la que trabajó junto a Dennis Christopher, tras la que llegaron otros muchos títulos como *Elegidos para la gloria*, *Enemigo mío*, *Postales desde el filo* (con guion de Carrie Fisher, basado en su libro y en su propia vida), o la enésima adaptación de la novela *Las dos Carlotas*, de Erich Kästner, con el título *Tú a Londres y yo a California*, e incluso un cameo en la mítica *El pelotón chiflado*. A lo largo de los años sus papeles no han hecho más que crecer y volverse muy eclécticos; así, le encontramos como el General Hawk de *G.I.* Joe, el sheriff Ralph Lam de la serie *Vegas*, Bill Clinton en *La relación especial* o el binomio *Tu mejor amigo* y *Tu mejor amigo: Un nuevo viaje*, en las que da vida a Ethan.

También es hermano de Randy Quaid y padre de Jack Quaid, ambos actores. El más joven de ellos es fruto del matrimonio entre Dennis Quaid y Meg Ryan entre 1991 y 2001, anteriormente había estado casado con P. J. Soles, quien fue Lynda en *La noche de Halloween* y Norma en *Carrie*.

«Creo que mi película favorita de todos los tiempos es *Lawrence de Arabia*, me parece que es una película perfecta. No hay una línea de diálogo o un solo plano que no debiera estar ahí.»

Dennis Quaid

Gregory Hoblit, un director televisivo

Cuando uno mira con detenimiento la producción profesional de Gregory Hoblit se da cuenta de algo; un gran número de sus obras, ya sea como director o productor, están relacionados con el mundo de los policías y abogados. ¿Cuál es el motivo para ello? Muy sencillo: su padre era un agente de la ley y es algo que siempre ha tenido muy presente.

Aunque es más conocido por su faceta como director, sus comienzos fueron en el campo de la producción. Es aquí donde encontramos trabajos suyos desde 1974, con la película cinematográfica *Goodnight Jackie*, rápidamente pasó a centrarse más en proyectos televisivos, como los telefilmes *Vampiro*, *Every Stray Dog and Kid* o *Más allá de la justicia*, en la que también ejerció de director.

El realizar ambas funciones ha sido algo muy habitual en su carrera, siendo de tal forma en populares títulos como *Policías de Nueva York*, *La ley de Los Ángeles* y la más que conocida *Canción triste de Hill Street*, en la que además apareció en dos episodios. Esto lo hizo trabajando junto a Steven Bochco, guionista y productor creador de estas tres cabeceras, y en otros proyectos en los que colaboraron juntos, como *Bay City Blues* o la arriesgada propuesta que fue *Cop Rock* (una serie musical sobre un equipo de policías).

Como director de cine no se estrenó hasta 1998 con *Las dos caras de la verdad*, basada en la novela de William Diehl, película protagonizada por Richard Gere junto a Laura Linney, Edward Norton y John Mahoney (el inolvidable Martin Crane de *Frasier*), que, como era de esperar por su trayectoria hasta el momento, trata sobre una investigación de un asesinato. Tras esta llegarían *La guerra de Hart*, con Bruce Willis y Colin Farrell, título que también trasladaba una obra literaria al cine (en este caso de John Katzenbach); *Fracture*, con Anthony Hopkins y Ryan Gosling; y *Rastro oculto*, que contó con Diane Lane como cabeza de cartel.

Y aunque ha sido escaso también ha realizado algún trabajo como guionista, dos, en realidad. El primero para *What Really Happened to the Class of '65?*, en el episodio «The Most Likely to Succeed«, y el segundo en *Canción triste de Hill Street*, para el capítulo «Life, Death, Eternity«.

Doctor Extraño, la película televisiva

El Doctor Extraño es un personaje perteneciente a Marvel Comics que apareció por primera vez en 1963, creación de Stan Lee y Steve Ditko (a su vez también los padres de Spiderman). Es un cirujano muy pagado de sí mismo que en un accidente de coche se daña las manos, lo que hace que le resulte imposible operar, motivo por el que emprende una larga búsqueda que, sin él pretenderlo, le convertirá en el mayor místico del planeta (en el hechicero supremo, para ser exactos).

Esto seguramente sea algo que muchos ya sabrán, quizá no tanto por el cómic pero seguro que por la película de 2016 que protagonizó Benedict Cumberbatch. Lo que puede que no sea tan conocido es que, en realidad, ya hubo una versión anterior de carne y hueso de este personaje, al menos en el mundo televisivo, en la que Gregory Hoblit ejerció de productor asociado.

En 1978, y con la intención de ser el piloto de una serie que jamás llegó a hacerse, se emitió el telefilme *Doctor Extraño* (*Doctor Strange* en su país de origen), proyecto en el que tanto el guion como la dirección corrieron a cargo de Philip DeGuere Jr., profesional que entonces ya había trabajado como escritor en las series *Baretta* y *La mujer biónica*, entre otras muchas. Pero este filme en realidad es uno de sus escasos trabajos como director, junto con dos episodios en *Baa Baa Black Sheep* y otros dos de *Más allá de los límites de la realidad*.

El papel principal recayó en el actor Peter Hooten y si bien, como era más que habitual en ese momento, el metraje se toma muchas libertades sobre el cómic original, también supo mantener cierta fidelidad al mismo con la inclusión de secundarios habituales como Clea, la bruja Morgana y, por supuesto, su inseparable Wong. El filme ha quedado bastante relegado al olvido, como otros abortados proyectos de superhéroes de esos años, pero aunque sea por curiosidad bien merece un visionado.

Tobby Emmerich, un productor todoterreno

Hablar de Toby Emmerich es hablar de Warner Bros., ya que empezó en la misma en 1992 como ejecutivo de desarrollo y música, fue ascendiendo hasta ser el presidente de Warner Bros. Pictures Group. Al menos hasta 2022, año en que dejó el cargo para crear su propia productora de cine, televisión y streaming con un acuerdo exclusivo de su antigua empresa a través de Warner Bros. Discovery. Al final, todo queda en casa.

«Ha sido un honor y un placer formar parte de esta histórica compañía durante estas últimas tres décadas y liderar el equipo del estudio cinematográfico de clase mundial Warner Bros., y estoy increíblemente orgulloso de lo que hemos podido lograr juntos.»

Toby Emmerich

Fue bajo su mandato cuando en 2018 la empresa tuvo su momento de mayor éxito de su historia al encadenar películas de gran calado como *Aquaman*, *Ready Player One* o *Ha nacido una estrella*, aunque su calidad sea más que cuestionable. De nuevo, al año siguiente se batió un récord con la llegada de *Joker*, que se convirtió en la película de calificación R (*Restricted*. No aptas para menores de 17 años) más taquillera de todos los tiempos (hasta el momento).

Antes de esto también trabajó en New Line, donde acertó con sus elecciones, con el estreno de la trilogía de *El Hobbit*, las muy divertidas *Elf* y *Somos los Mille*r, la romántica *El diario de Noa* y varias entregas de la larga, y taquillera, saga que es *Expediente Warren* (o *The Conjuring*).

Y aunque es el productor de *Frequency* su relación con esta película es mucho más personal que con ninguna otra de las que ha trabajado, ya que es el guionista de la misma y tuvo implicación en la serie de televisión. El único otro título que ha firmado como escritor es el filme infantil *Mimzy, más allá de la imaginación*, junto a Bruce Joel Rubin y James V. Hart.

Un dato curioso:

Su hermano es el actor Noah Emmerich, el mismo que da vida a Gordo en *Frequency*.

Otras comunicaciones del espacio-tiempo

Los relatos que hablan de cartas mágicas, de calderos que muestran el futuro y el pasado, de hechiceras y brujas capaces de pronosticar qué va a suceder se cuentan a miles. Dudo que haya alguien que no sea capaz de dar dos o tres nombres de personajes o títulos de obras, y en cierto sentido todo eso no sería más que un antepasado histórico de estas tres películas.

La casa del lago

Otro de los muchos filmes que usan el viaje en el tiempo como excusa argumental para una historia de amor, en este caso con dirección de Alejandro Agresti y guion de David Auburn en base a la película original *Siworae*, del año 2004, del realizador Hyun-seung Lee. No es extraño que los americanos hagan refritos de filmes de otros países, como *Un funeral de muerte*, generalmente con resultados peores (en lo que a calidad se refiere) que los originales, aunque siempre hay excepciones, como *Tres hombres y un bebé* o *Una jaula de grillos*.

En el caso que nos ocupa esta película de 2006 resulta dulce y agradable, con unas actuaciones algo justas de Keanu Reeves y Sandra Bullock, pero con el siempre enorme Christopher Plummer. La historia narra cómo Alex Wyler (Reeves) y Kate Forster (Bullock) empiezan a intercambiar cartas en tiempos distintos gracias a un buzón que las lleva del presente al pasado y viceversa.

El enigma de Jerusalén

El enigma de Jerusalén, o *Das Jesus Video*, es una de las películas que casi se queda fuera de este libro. Ya pasó en el anterior volumen, pero sí o sí quería que estuviera presente, y es que esta producción televisiva de tres horas es una obra de culto que, además, resulta muy entretenida. El proyecto se basa en la novela *El vídeo de Jesús* de Andreas Eschbach (mentado como «El Michael Crichton alemán» por *Der Spiegel*) y está dirigida por Sebastian Niemann, con las actuaciones de Matthias Koeberlin, Naike Rivelli y Manou Lubowski.

El filme narra cómo en una excavación arqueológica se halla un esqueleto que tiene un papel con instrucciones referentes a una cámara de vídeo (en concreto de Sony) que en realidad todavía no está a la venta en el presente. La explicación del protagonista es que se trata de un viajero del tiempo, y si bien a su alrededor nadie lo considera plausible, él empieza a ser perseguido. El cómo y el porqué es mejor dejarlo sin contar; la historia merece la pena ser vista (y varias veces) como el espectáculo divertido y sin pretensiones que es.

Donggam

De nuevo, otra película romántica que se basa en un periplo cronal, en esta ocasión con dos jóvenes coreanos que se enamoran a pesar de vivir uno en 1979 y otro en el año 2000. Se comunicarán a través de una radio y, a pesar de los recelos iniciales, terminarán por creer el uno en el otro. Sí, bien podríamos decir que estamos a mitad de camino entre *Frequency* y *Siworae* (o *La casa del lago*) si no fuera por el hecho de haberse estrenado en el en mismo año que la primera y cuatro antes que la segunda (o seis antes del refrito).

La dirección recayó en manos de Jeong-kwon Kim, quien fue premiado como Mejor Director Novel en los 8th Chunsa Film Art Awards, festival en el que también fue galardonado su protagonista, Yoo Ji-tae como actor revelación.

Llegados a este punto hay que hablar de paradojas

Si nos adentramos en los viajes en el tiempo antes o después nos tropezaremos con alguna paradoja temporal. Las hay de todo tipo, color y formato, algunas más teóricamente correctas y otras con más arte que ciencia. Recalaremos en cuatro de ellas de forma muy sencilla pero invito a todo el que tenga interés a investigar, ya que es un tema apasionante (en ocasiones complicado de entender, pero apasionante es un rato).

Para no liar la madeja más de lo necesario no se entrarán en estas líneas en explicaciones sobre realidades alternas, vida paralelas, nuevos futuros… iremos a lo básico.

Paradoja del abuelo

Esta es una de las situaciones más habituales que se dan en las historias cronales; en ocasiones se resuelven bien y en otras no tanto. La idea es muy sencilla: ¿puedes viajar en el tiempo para asesinar a tu propio abuelo? ¿Qué consecuencias tendría este acto?

Se entiende que es antes de que tu abuelo engendre a tu padre, por lo que si tu padre no ha nacido tu tampoco nacerás. Es lógico, pero ahora se complica un poco. Si no has nacido entonces no has podido viajar en el tiempo para matar a tu abuelo y por tanto tu abuelo sigue vivo, tu padre podrá nacer y entonces tú también. Y si has nacido puedes viajar al pasado para matar a tu abuelo. Así una y otra vez en un ciclo eterno sin una solución sencilla.

Un ejemplo que suele encontrarse de forma recurrente es el capítulo de *Futurama* «Bien está lo que está en Roswell», en el que de forma literal Fry mata a su abuelo pero esto no impide que él nazca, la solución a tal problema es que él se convierte en su propio abuelo. Sí, se acuesta con su abuela y de esa simiente terminará naciendo él mismo. Este es unos de los capítulos más conocidos de la serie y gracias al cual la misma ganó su primer premio Emmy.

Paradoja de Hitler

En este caso la aplicación es más o menos la misma que la anterior. Todos conocemos a Adolf Hitler y la denominada solución final a la cuestión judía (os recomiendo ver la película *La conferencia*) por la que se decidió terminar con la vida de miles y miles de personas. Ahora, si un viajero del tiempo asesinara al *Führer* germano antes de emprender su camino al poder no habría habido Segunda Guerra Mundial y, por tanto, tampoco motivo para haber hecho ese viaje, así que al no hacerlo Hitler viviría y la Segunda Guerra Mundial sí sucedería. De nuevo es una pescadilla que se muerde la cola.

Se puede complicar algo más, ya que existe un añadido a esta teoría: la idea de que si no existe Hitler de alguna forma alguien ocuparía su lugar (para bien o para mal Adolf Hitler es una de las pocas personas que han existido cuya vida realmente cambió la historia), es lo que podríamos denominar un punto clave o un punto fijo en el tiempo. Esto se explora en cierta forma en el episodio «Cradle of Darkness» de *The Twilight Zone* en su versión de 2002, en el que una mujer viaja al pasado y mata a Hitler de bebé al lanzarse con él al río pero otra sirvienta de la casa lo ve y compra a una vagabunda su hijo. De esta forma sigue habiendo un Adolf Hitler, es más, bien puede suponerse que este segundo Hitler es el que siempre ha conocido la historia y llevar a la reflexión de que en lugar de evitar el genocidio se ha propiciado el mismo.

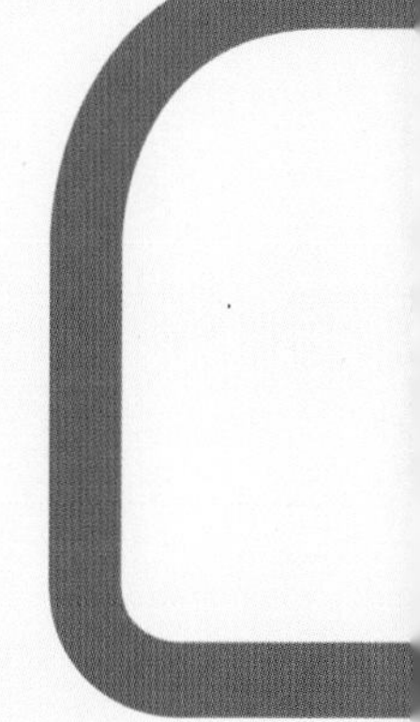

Principio de autoconsistencia de Nóvikov

En este caso el nombre hace referencia directa a su ideador, el astrofísico ruso Ígor Nóvikov, cuya propuesta se puede resumir en que si una acción puede provocar un cambio en el pasado o una paradoja entonces tal acción no sería posible de llevar a cabo. Si algo ha sucedido es que era inevitable y por tanto su evitabilidad no es siquiera planteable (o según algunas otras teorías, si se

cambian ciertos actos quizá se destruya el universo), ya que se asume que existe una única línea de tiempo.

Hay un pequeño matiz que proviene de la explicación más amplia de este postulado, que es que diferentes hechos pueden tener mismas consecuencias o que sí es posible introducir pequeños cambios que no afectan al resultado total. Un ejemplo en la ficción es el episodio «Los fuegos de Pompeya» de *Doctor Who* de su etapa moderna (se emitió en 2008), una historia en la que el Doctor no puede hacer nada para impedir la erupción del Vesubio o avisar a los romanos para que puedan salvarse, pero finalmente accede a los ruegos de su amiga Donna y lleva a una familia más allá de la zona de peligro.

Paradoja de predestinación

Aquí el nombre explica prácticamente todo: se está predestinado. Da igual qué se haga para evitar una acción futura, ya que por mucho que nos esforcemos todo lo que hacemos para evitarla solo la acerca más, llegando al punto en que es una realidad como consecuencia de todos los actos realizados para impedir que lo sea. Desde cierto punto de vista no se puede decir que sea una paradoja pues todo sucede de la forma que siempre sucedió, únicamente desconocíamos que era (es o será, depende del momento temporal) así.

Esto ocurre porque no se viaja por el tiempo por un capricho o una casualidad; se hace porque siempre ha sido así y debe seguir siendo así, hecho que justifica, además, que los teóricos cambios realizados en el pasado no alteren de ninguna forma al futuro (o al presente), puesto que todo transcurre de la forma en que debe ser. Un ejemplo que está en este mismo libro es *Predestination*, de ahí su nombre, ya que todo lo que afecta al protagonista es consecuencia directa de sus propias decisiones. Puede entenderse que existe esta situación en *Terminator*, dado que son los restos del T-800 los que permitirán su existencia futura y por ende el alzamiento de Skynet en un bucle causal eterno.

UN VIAJE AL PRESENTE

«La felicidad no está en otro lugar
sino en este lugar,
no en otra hora,
sino en esta hora.»

Walt Whitman

See You Yesterday (Nos vemos ayer)

Pequeños viajeros del tiempo

—¡Mierda!

El grito de C. J. bien podría haber roto el espacio-tiempo, quizá hasta ser oído en galaxias mucho más allá de la nuestra, pero, en cambio, tan solo resonó a lo largo del vacío y apestoso callejón sin que nadie pareciera percatarse de ello.

El sonido rebotó por el sucio suelo y las agrietadas paredes hasta desaparecer como si a nadie le importara. Así era, en un barrio lleno de gente, de problemas y de una realidad gris a nadie le preocupa que dos adolescentes hayan logrado lo imposible.

—Lo conseguiré, Sebastian, te lo prometo —dijo C. J. con lágrimas cayendo por sus ojos. Una promesa más, otra más igual de esperanzada y vacía que la anterior.

Se quitó las gafas y con las manos se enjugó el rostro, pero no logró hacer lo mismo con su corazón. Le dolía y se culpaba por todo lo sucedido. ¿Viajar en el tiempo? Claro que era posible, solo era un problema matemático, la ciencia siempre había sido su aliada y esta vez no fue distinto.

Recordó cómo empezaron sin tener nada claro el rumbo a seguir, los callejones sin salida y los muchos fallos antes de lograr el éxito. ¿Viajar en el tiempo? Sí, podía hacerse pero lo que C. J. y Sebastian nunca pensaron fue si debía hacerse.

Hay una gran diferencia entre que algo pueda *hacerse y que algo* deba *hacerse. Ahora lo sabe. Ahora entiende los riesgos. Ahora ya es tarde.*

Sebastian está muerto. No, no lo está. Sebastian morirá. En el pasado. Pero en realidad es el presente. O quizá el futuro. Podrá arreglarlo, está segura de ello. Eso se repite a sí misma, ella es su propia confidente, la que guarda su secreto y su dolor.

—Una vez más, solo una vez más —Sus palabras vuelven a resonar por el solitario callejón igual que siempre, igual que todas las últimas veces que nunca fueron la última. Para sus adentros piensa que quizá Sebastian no la reconozca, ha pasado el… —se ríe— …el tiempo y ella ha crecido, pero él seguirá joven. Podrá tener una vida, la que ella no ha tenido, podrá alejarse de este maldito e infernal día, tener amigos, quizá casarse…

Ella está atrapada. Sí, ya no es una niña, ahora es una mujer, pero, en realidad, sigue atrapada en ese mismo día. Nadie dijo que viajar en el tiempo, aunque tan solo fueran 24 horas, impidiera envejecer. No ha sido fácil. En un momento dado tuvo que desaparecer para no responder a preguntas incómodas, ha dormido en la calle, en coches viejos, ha intentando mejorar la máquina del tiempo… Es complicado cuando tienes tan solo un día y después el mismo día una y otra vez.

—Podría dejarlo —dice para sí misma en voz alta, casi como esperando una respuesta—, podría empezar desde aquí. Irme lejos, tener una vida y… y… —No, no consigue terminar la frase, pues sus pensamientos han regresado hasta su amigo, hasta su muerte.

Suspira y con una lágrima cayendo por su mejilla activa una vez más el artilugio temporal que le permite regresar al pasado.

—Una última vez —sus palabras quedan suspendidas entre dos tiempos, entre el hoy y el ayer.

Mañana, es decir hoy, volverá a decirlo.

Una película de amistad con corte social

See You Yesterday (Nos vemos ayer) es una película que en el momento de su estreno pasó bastante desapercibida, pero que con el transcurrir del tiempo (nunca mejor dicho) logró encontrar su hueco y su público. Una entretenida cinta de aventuras con un puntito de humor que narra la historia de dos jóvenes adolescentes que logran crear un artefacto temporal , por supuesto, las cosas no saldrán cómo ellos han previsto, y es que, como he dicho en otras ocasiones, los viajes en el tiempo lo lían todo.

Sin enredos y problemas no puedes hacer una historia de un periplo cronal, pero también puedes aprovechar el viaje para contar algo más y no quedarte tan solo en la anécdota. Quiero decir que, si bien *Regreso al futuro* es una de las películas más queridas del género, no deja mucho espacio para la reflexión (salvo, quizá, que si viajas al pasado no debes acostarte con tu madre).

No es así en *See You Yesterday (Nos vemos ayer)*, que tiene un importante contenido de denuncia social entorno a los hechos que conllevaron a la protesta ciudadana conocida como *Black Lives Matter* (Las vidas negras importan), consecuencia directa de la muerte de un adolescente afroamericano, Trayvon Martin, en 2013 a causa de un disparo de bala y la absolución del agente George Zimmerman por este hecho. El movimiento tuvo motivos más que suficientes para seguir adelante, con una clara explosión de rabia sucedida en 2020 tras el fallecimiento de George Floyd como resultado de la brutalidad policial de Derek Chauvin, quien lo mantuvo aprisionado con su rodilla por el cuello contra el pavimento durante varios minutos, lo que hizo que dejara de respirar.

Estas terribles, y, desafortunadamente, no anecdóticas, situaciones tuvieron su reflejo en la película que firma Stefon Bristol y que coescribe con Fredrica Bailey, y no lo hacen de una forma precisamente sutil. La denuncia es clara y palpable, es uno de los momentos más relevantes de la cinta por varios motivos: uno de ellos por aprovecharlo de forma narrativa, para hacer crecer a los personajes protagonistas, y otro por la fuerza de la situación en sí misma.

Un dato curioso:

El título es un juego con la habitual expresión sajona «See you tomorrow» o «Nos vemos mañana».

Dos protagonistas que tan solo son dos adolescentes que han soñado con lo imposible, viajar en el tiempo, y han logrado cumplir sus sueños. Lo hacen el uno al lado del otro con el cariño y la confianza como sus mejores armas, dos amigos que se quieren y que lo comparten todo. Esa es la base de la película, una auténtica declaración de intenciones sobre el valor y el poder de la amistad y la importancia que tiene luchar para cumplir aquello en lo que creemos.

Jóvenes promesas

Hay que reconocer que el éxito del cortometraje original y de la subsiguiente película hizo que los nombres de Stefon Bristol y Fredrica Bailey fueran bien conocidos entre las filas de los cinéfilos y, es más, a la hora de escribir estas líneas ambos están implicados en nuevos proyectos. El primero con la película *Breathe*, guionizada por Doug Simon y que contará con Milla Jovovich como actriz principal, y la segunda como guionista junto a la directora Nikyatu Jusu en su próximo estreno (todavía sin nombre).

Pero si bien ellos dos son los artífices de la historia cinematográfica, debe reconocerse el valor que aportan las actuaciones de Dante Crichlow y Eden Duncan-Smith. Es gracias a su talento que el espectador logra entrar en la trama, que deja en suspenso la credibilidad para aceptar que dos adolescentes pueden viajar en el tiempo. Son este par de jóvenes actores los que consiguen que veamos su amistad, su miedo y su esperanza.

Dante Crichlow es más que creíble en su papel de Sebastian Thomas, pero si alguien se come la película es su coprotagonista, Eden Duncan-Smith, quien al contrario que su compañero ya tenía cierta experiencia, aunque era muy (pero muy) poca. Antes de rodar el cortometraje ya había participado en *Annie* de Will Gluck, *Dentro del dolor* y *Roxanne Roxanne*, además de en un episodio de la serie *Master of None*, y eso sin olvidar que sus comienzos fueron teatrales (en Broadway) en producciones como *El rey León* y *Fences*.

Viéndola en la película que nos ocupa no es descabellado pensar que le aguarda un gran futuro como actriz, algo que sin duda alguna todos agradeceremos.

> «Cuando empezamos el corto en 2015 pensaba que lo más importante era mostrar la brutalidad policial de una manera muy directa.»
>
> *Eden Duncan-Smith*

El encuentro con *Regreso al futuro*

Cuando uno habla de viajes en el tiempo hay un título que siempre aparece de forma invariable, *Regreso al futuro*. La joya de Robert Zemeckis y Bob Gale sigue siendo aplaudida y muy admirada por los amantes del cine, ha marcado a varias generaciones y ha sido homenajeada y referenciada innumerables veces.

En *See You Yesterday (Nos vemos ayer)* sucede una vez más gracias al profesor de los dos jóvenes protagonistas, el señor Lockhart, al que da vida el querido Michael J. Fox. ¿Quién mejor para hablar con dos adolescentes sobre viajes en el tiempo que el mismísimo Marty Mcfly? Un guiño que es una guinda perfecta para la dulce tarta que es esta película.

> «Si el viaje en el tiempo fuera posible, sería el mayor enigma ético y filosófico de la era moderna.»
> *Sr. Lockhart (Michael J. Fox)*

Esta aparición tiene también otro punto especial y es que supone la última participación del actor en una producción cinematográfica, ya que en noviembre del 2020 el intérprete anunció que se retiraba de forma definitiva en su libro *No hay mejor momento que el futuro: O cómo afronta la muerte un optimista*, en el que comenta que «Hay un tiempo para todo, y mi tiempo de trabajar en jornadas de doce horas y memorizar siete páginas de diálogo está por encima de mis posibilidades».

Una noticia que era hace tiempo esperada. Es bien conocida su enfermedad y la lucha contra la misma, pero no por ello deja de ser triste. El actor deja la puerta abierta a que en un tiempo quizá las cosas sean distintas y los cierto es que tras aparecer en *See You Yesterday (Nos vemos ayer)* ha participado en las series *The Good Fight,* recuperando el personaje de Louis Canning al que interpretó en *The Good Wife*; *Corner Gas Animated*, poniendo voz a su versión de dibujos animados; en *Lil Nas X: The Origins of 'Holiday'*, con una muy breve participación en la que recupera el personaje de Marty McFly; y el corto de animación *Back Home Again*.

Un detalle curioso:

Los protagonistas logran el éxito del viaje en el tiempo al intento 104.

El homenaje a *Los Cazafantasmas* y a *Rescate en el tiempo*

A lo largo del filme hay varios guiños para el que sepa cazarlos. Uno bastante evidente, aunque puede pasar desapercibido, es el homenaje que se hace a *Los Cazafantasmas*. Esto viene dado por el hecho de que el PRT (Paquete de Reubicación Temporal) de los adolescentes recuerda,

en parte, a la mochila de protones llevada por los investigadores de lo paranormal, que para funcionar usa una solución de protones.

También puede verse un pequeño codazo al libro *Rescate en el tiempo*, ya que los personajes protagonistas, en realidad, no viajan por el tiempo. Lo que sucede es que sus moléculas se desintegran y se reconstruyen al llegar al otro lado del agujero de gusano artificial que han creado (y que solo es estable unos breves minutos), algo que sucede prácticamente igual en la novela de Michael Crichton, aunque no así en su versión cinematográfica, en la que se simplificó en aras de la buena marcha de la narrativa.

¿Qué están leyendo?

Los pequeños detalles son siempre una gran forma de explicar quiénes son los personajes, solo que en ocasiones pasan muy desapercibidos para el espectador. Pero eso no importa, ya que aunque la persona de la butaca no se dé cuenta sí lo hace el guionista al construir su historia y de esta forma lograr que sea más rica.

En *See You Yesterday (Nos vemos ayer)* los dos jóvenes protagonistas y el profesor al que interpreta Michael J. Fox aparecen leyendo en una escena al comienzo del filme, cada uno de ellos tiene entre sus manos algo diferente. Esto hace entrever cómo son y marca también una relación entre ellos, algo que después queda más que claro.

Ella está concentrada en *Breve historia del tiempo: del Big Bang a los agujeros negros*, libro escrito por el conocido científico Stephen Hawking con prólogo del no menos conocido Carl Sagan. Se publicó por primera vez en 1988 y fue todo un éxito de ventas debido al enfoque del autor, que realizó un escrito en el que hablaba sobre el Universo, su historia y posible final, sobre agujeros negros y la teoría de supercuerdas, entre otros, pensado todo para llegar a lectores sin conocimientos reales en física y materias científicas.

El coprotagonista tiene entre sus manos el cómic *Black* creado por Kwanza Osajyefo y Tim Smith, en el que se presenta un mundo en el que solo tienen poderes las personas de raza negra, con conspiración incluida. Según dijo Osajyefo: «Durante la mayor parte de la historia del cómic, se han usado marginados blancos como alegorías de grupos excluidos mientras afirmaban reflejar el mundo que hay detrás de nuestras ventanas. *Black* se desvincula de esta fachada para yuxtaponer superpoderes y raza mientras permite que las personas negras nos veamos a nosotros mismos de forma auténtica». Actualmente hay un proyecto para llevarlo a la gran pantalla de la mano de Studio 8 y Warner Bros., con dirección de Gerard McMurray (*La primera purga: La noche de las bestias*).

Por su parte, el señor Lockhart aparece leyendo con interés *Parentesco* de Octavia E. Butler, novela que explora la violencia y la deshumanización provocada por la esclavitud en Estados Unidos. No solo eso, este escrito también ahonda en las consecuencias, que se extienden hasta la actualidad con viajes en el tiempo y es considerada una de las piedras angulares del género afrofuturista.

Más niños viajeros del tiempo

Aunque *See You Yesterday (Nos vemos ayer)* se haya convertido por derecho propio en una película reconocida y aplaudida, esto no quiere decir que sus protagonistas sean los únicos turistas cronales de la ficción o, más bien, los únicos niños en serlo. Hay cantidad de historias que presentan a adolescentes, y más pequeños, que por una u otra razón (más o menos descabellada) logran viajar por el tiempo y, de forma inevitable, creando el caos como consecuencia directa.

Bienvenidos al ayer

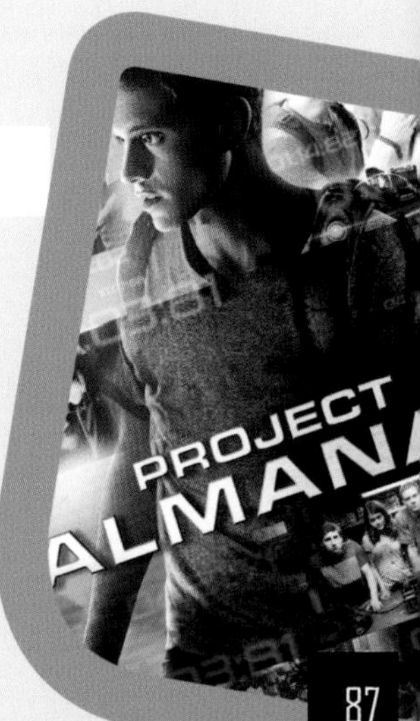

Más conocida por su título original, *Project Almanac*, fue estrenada en 2017 y contó con la dirección de Dean Israelite, quien posteriormente estaría a los mandos de *Power Rangers.* El guion fue escrito por Jason Pagan y Andrew Deutschman, responsables de la historia de *Paranormal Activity: Dimensión fantasma*.

La película es una buena mezcla de cine juvenil con viajes en el tiempo, bucle incluido, que consigue convencer al espectador aunque de forma bastante justa. ¿El problema? Dos: un argumento algo endeble y lo molesto que llega a ser el formato de metraje encontrado.

Minutemen: Viajeros en el tiempo

Estamos ante una película de Disney directamente para el mercado doméstico y de una época anterior al auge de su plataforma de streaming (en la que se permite dar altos presupuestos a proyectos que no llegan a cine). Si se tiene esto claro, el filme es muy disfrutable y entretenido. ¡Y termina bien! Lo que siendo una película de viajes en el tiempo no es muy habitual.

El argumento es muy sencillo: tres compañeros de clase crean un artilugio que les permite trasladarse 10 minutos al pasado y lograr evitar abusos como los que ellos han sufrido. Con esto, el protagonismo del chico Disney Jason Dolley (junto a Luke Benward y Nicholas Braun) y una historia firmada por David Weissman y David Diamond, el director Lev L. Spiro logró crear una cinta divertida y buenrollista que bien podría haber servido como la primera de una trilogía.

El tonel del tiempo

Un dato curioso:

El título de *El tonel del tiempo* es una clara referencia a la serie de Irwin Allen *El túnel del tiempo.*

Dudo que haya algún lector que no conozca a Zipi y Zape, los dos gemelos creados por José Escobar que han protagonizado multitud de travesuras, además de ver sus historietas llevadas a otros medios como los dibujos animados, el cine y los videojuegos. Aunque lo habitual era que vivieran aventuras de una sola página o unas pocas, en ocasiones han tenido tomos completos e incluso un viaje en el tiempo.

Sucedió en 1971 bajo el título *El tonel del tiempo* con los dos chicos inventando su propia máquina del tiempo que les permite trasladarse a diferentes épocas: Prehistoria, Antiguo Egipto, Grecia Clásica, Antigua Roma, Edad Media, Renacimiento, la Francia de Luis XIII, el siglo XVIII, la actualidad (cuando son bebés) y el futuro.

«Bart and Homer's Excellent Adventure»

Todos los que sean fans de *Los Simpson* podrán citar varios episodios en los que hay, de una u otra forma, viajes en el tiempo o al menos una visión de estos, pero personalmente creo que debe destacarse «Bart and Homer's Excellent Adventure» que, en realidad, es un segmento perteneciente al especial de Halloween del año 2012. Junto a este completaban el capítulo «The Greatest Story Ever Holed» y «Un-normal Activity».

A pesar de que el título es un guiño a *Las alucinantes aventuras de Bill y Ted*, no sucede lo mismo con la trama, que es una parodia de *Regreso al futuro*. Bart viaja atrás en el tiempo en un invento del profesor Frink y a consecuencia de ello altera el pasado, su madre jamás se casará con Homer, ya que en su lugar lo hará con Artie Ziff, y dará lugar a un presente totalmente nuevo.

See You Yesterday, el cortometraje original

Con tan solo 15 minutos de duración este cortometraje de Stefon Bristol, con guion suyo y de Fredrica Bailey, le sirvió al director como aplaudido trabajo final de tesis y así graduarse en la Tisch School of the Arts de la Universidad de Nueva York en 2016. Al poco resultó ganador en el Martha's Vineyard African-American Film Festival en el apartado HBO Short Film Competition (curiosamente la película terminó siendo de Netflix) y también en el Hip-Hop Film Festival, además de ser finalista en otros y recibir varias menciones.

No hablamos de una simple producción universitaria, ya que contó con la producción ejecutiva del mismísimo Spike Lee, más que conocido realizador cinematográfico gracias a películas como *Malcolm X*, que protagonizó Denzel Washington, y *Old Boy*, que contó con Josh Brolin como cabeza de cartel. Este creador, que también se graduó en la Tisch School of the Arts (en 2002 fue nombrado director artístico de la misma), ha dedicado gran parte de su vida profesional a proyectos relacionados con la comunidad negra y la problemática racial, algo que le ha hecho granjearse el término de «controvertido» además de hacerle merecedor de una gran cantidad de galardones que van desde un Oscar a un BAFTA pasando por otros tantos.

En gran medida hay que agradecerle a él la existencia de este cortometraje, ya que la intención de Bristol era hacer desde el comienzo una película. Lee habló con él sobre lo rápido que estaba yendo y que no estaba preparado, aconsejándole hacer primero un corto, que le serviría, además, para ver si la idea funcionaba. Posteriormente, él mismo se ofreció como productor, algo que Bristol aceptó más que encantado.

Uno de los aciertos de Stefon Bristol fue querer darle al cortometraje, y después a la película, una gran dosis de realismo, como si todo pudiera haber pasado de verdad. Por ello, los dos protagonistas escogidos fueron Eden Duncan- Smith y Dante Crichlow, dos adolescentes que se habían criado en el mismo barrio que él y que ya eran amigos antes de empezar la grabación, algo muy importante para lograr que tuvieran esa misma química en la pantalla.

> «Cuando eres artista, no lo haces por los premios. Quería entrar en la industria. Tenía algo que decir y era algo para mostrar lo que es mi voz.»
>
> *Stefon Bristol*

El otro *See You Yesterday*

Es curioso pero, en realidad, hay dos *See You Yesterday*: por un lado están la película y el cortometraje (que a fin de cuentas son el mismo producto) y por otro una novela escrita por Rachel Lynn Solomon. La historia también versa sobre viajes en el tiempo y, en ocasiones, ha sido comparada con *Atrapado en el tiempo*, dado que al igual que en la popular cinta (y otros tantos productos) la protagonista revive una y otra vez el mismo día.

Aquí le sucede a Barrett Bloom, quien después de una desastrosa etapa en el instituto piensa que la universidad será mejor, pero su primer día le deja claro que igual no es así. No solo eso, si no que al despertarse a la mañana siguiente se da cuenta de que sigue allí, está atrapada aunque no sola. De esta forma se introduce el romance y se plantea la duda de qué sucederá entre los dos protagonistas si logran llegar al día de mañana.

Una novela de corte juvenil que ha sido superventas y que ha logrado muy buenas críticas.

Otras películas que antes fueron cortos

El caso de *See You Yesterday* como cortometraje previo a la realización de una película no es algo extraño en el mundo del cine; hay muchos y variados ejemplos. Uno de los más conocidos es *12 monos*, seguramente la película más popular del llamativo Terry Gilliam, que se basa en *La Jetée* o *El muelle*, de Chris Marker; también puede citarse *THX 1138*, de George Lucas, que recrea su *Laberinto electrónico THX 1138 4EB*. Hay otros muchos y es que como me dijo una vez Nacho Vigalondo (*Los cronocrímenes*, *Colossal*) en una entrevista «Hacer cortos es hacer cine».

Posesión infernal

Gracias a su trabajo en *Posesión infernal*, que fue el comienzo de toda una franquicia, Sam Raimi y Bruce Campbell se convirtieron en iconos de la cultura pop, al igual que el personaje interpretado por el último, el valiente, aunque torpe, y sarcástico Ash. El origen de este filme estrenado en 1981 se remonta a 1978 con el mediometraje de terror y comedia *Within the Woods*, que costó unos 5000 dólares y contó con el mentado Campbell y Ellen Sandweiss como protagonistas.

Un dato curioso:

Ellen Sandweiss daría vida a Cheryl en *Posesión infernal,* pero también en la revisión de 2013, la serie de 2016, el videojuego de 2022 y fuera de la franquicia en la divertida e irreverente *My Name Is Bruce (o Posesión demencial).*

Saw

Saw se convirtió por derecho propio en la gran saga de terror de los años 2000. La primera entrega llegó en el 2004 y ha tenido varias secuelas que han alargado la franquicia hasta 2021 con *Spiral:* Saw, pero fue en 2003 cuando todo empezó, con el cortometraje de mismo nombre, posteriormente cambiado a *Saw 0.5,* en el que el director James Wan y el guionista Leigh Whannell mostraron lo que sabían hacer en el festival de Sundance, del que salieron con un contrato con Lionsgate. El protagonista de esta pequeña cinta es el propio guionista, quien después estaría también presente en la franquicia cinematográfica, dando vida al personaje de Adam Faulkner-Stanheight.

Distrito 9

Estrenada en 2009 *Distrito 9* se convirtió en una de las grandes sorpresas del año. Una película apadrinada por Peter Jackson que era la primera de su director, Neill Blomkamp (también guionista junto a Terri Tatchell). Casi un lustro antes el realizador lanzó su cortometraje *Vivo en Joburgk*, en el que habla y denuncia el racismo con la metáfora de un grupo de alienígenas que quedan varados en nuestro planeta, una grabación realista en formato falso documental que fue muy aplaudida. Al igual que en los casos anteriores los protagonistas del cortometraje, en esta ocasión Sharlto Copley y Jason Cope, regresaron para la versión cinematográfica.

Seguridad no garantizada

Un viaje en el tiempo por la puerta de atrás

Sí, era un periódico, y sí, se vendía. Pero, en realidad, no se vendía a tanta gente y tampoco es que fueran muchos trabajando en la pequeña redacción. La redacción, de hecho, se componía tan solo de dos salas, la primera en la que había un par de mesas con sus respectivos ordenadores, algunos viejos ceniceros que ya no se usaban, una máquina de agua y otra de café.

No había siquiera una recepción al uso; si alguien entraba por la puerta, el que estuviera más cerca le atendía. Y si no había nadie se entendía que el periódico estaba cerrado. Al fondo del todo, usando la idea de que había un fondo y no un inmediato, estaba el despacho de Dave Duffy, editor y único responsable de todo lo que llegaba hasta el papel.

Era lo más parecido a un despacho de director de gran periódico que había podido hacer en un pueblo tan pequeño, con ventas justas y un presupuesto bastante exiguo. Desde pequeño había soñado con eso, con ser un gran director y tener su propio despacho, veía a Perry White en los tebeos de Superman y a los periodistas de las series, pero la vida es distinta. En cierta forma lo había conseguido, no era exactamente lo que tenía en mente cuando con diez años le preguntaron en el colegio eso tan manido de «¿Qué quieres ser de mayor?», pero se parecía un poco y, por otro lado, le había permitido tener una vida, amigos, casarse y disfrutar los fines de semana yendo a pescar con su hija.

Descolgó el teléfono para llamar a John Silviera, que estaba en una de las mesas de redacción, no quería gritar a través del cristal que separaba ambas estancias. John era un buen chico, un empleado que iba y venía, hacía las veces de ayudante de dirección, redactor, fotógrafo, maquetador… Un todoterreno.

–John, ven a mi despacho. –No esperó respuesta, colgó según terminó de hablar. Al otro lado del cristal John le miró y con un gesto le preguntó qué quería. Le indicó que fuera al despacho, este puso mala cara como si estuviera en medio de algo muy importante (no lo estaba) se levantó de su silla y fue hasta la oficina.

–¿Qué pasa, Dave? Algunos tenemos trabajo por hacer –dijo buscándole las cosquillas como otras tantas veces.

Dave cogió la prueba de maqueta que tenía delante, era de la página de anuncios, la giró y señaló uno en concreto. –¿Puedes decirme qué es esto? ¿Se trata de una broma o qué?

John miró el dedo y a partir de ahí siguió hasta el anuncio. Se encogió de hombros. –No sé, han pedido eso y lo han pagado. ¿quieres que lo quite?

Dave volvió a girar el papel y leyó otra vez el clasificado. –¿Han pagado? No, déjalo. Tampoco creo que nadie vaya a hacer mucho caso. –Con un gesto le indicó que podía irse.

John volvió a su mesa, Dave miró una vez más el anuncio, se rió, le quitó importancia y siguió con otras tareas.

El anuncio rezaba así:

Busco a alguien que retroceda en el tiempo conmigo.

No es una broma.

Buzón de correos 91, Ocean View, WA 99393.

Se te pagará después de volver. Trae tus propias armas.

Seguridad no garantizada.

Solo he hecho esto una vez antes.

Una película de culto

La primera vez que vi *Seguridad no garantizada* fue un poco por casualidad, en una de mis habituales búsquedas de películas sobre viajes en el tiempo. No la conocía de nada, tampoco a su director o a su guionista, tan solo me resultaba familiar uno de los actores, pero la premisa me resultaba llamativa y he de reconocer que cuando se trata de este género no tengo demasiado filtro.

Me encantó de principio a fin, al punto de convertirse para mí en uno de los títulos referenciales de esta temática. Uno de esos pequeños tesoros que son una obra de culto pero que termina conquistando a todo el que la ve, o casi, ya que siempre hay excepciones.

Estrenada en 2012 con un presupuesto muy ajustado para los estándares de Norteamérica, 750.000 dólares, logró recaudar más de 4 millones en total. También obtuvo un buen reconocimiento por parte de la crítica y los profesionales, cosechando un total de 7 nominaciones y galardones, entre los que destacan el premio a mejor guion en el Festival de Sundance y la nominación a director novel más prometedor por la Asociación de Críticos de Chicago.

Durante la 1ª Semana del Cine de Malta Colin Trevorrow, en el coloquio tras la proyección de este filme, comentó que en su momento no sabía si llegaría a dirigir más películas pero que si tan solo era una, sin duda, debía ser *Seguridad no garantizada*. Acertó de lleno, su talento y buen hacer le valieron para saltar directamente de una película independiente a ser el heredero de Steven Spielberg en la saga *Jurassic Park* (o más bien *Jurassic World*), elegido por el propio realizador, y con tan solo un puñado de títulos a su espalda ya se ha labrado una merecida reputación en la meca del cine.

Basado en una historia real

¿Cómo? ¿Una película de viajes en el tiempo basada en hechos reales? Puede decirse que cualquier filme en el que lleguen hasta la Segunda Guerra Mundial o cualquier época pretérita bebe de la realidad, pero no deja de ser todo pura elucubración. También lo es en *Seguridad no garantizada*, pero no la base en que todo se sustenta.

Es decir, el anuncio. Ese pequeño anuncio que en la película te dejan entender que apareció en el periódico local (y por eso mismo el minirelato que da comienzo a este apartado sigue esa línea) en la vida real se publicó dentro de una revista. Una pequeña broma que coincidió con el auge de internet de finales de los años noventa, que rápidamente fue pasando de foro en foro y que todavía hoy sigue vivo.

La historia comienza en el año 1997 en Backwoods Home Magazine, una revista fundada casi una década antes cuyos contenidos con cierto toque conservador hablan sobre la vida en el campo, casas de madera, consejos para el día a día... La publicación sigue viva tanto en papel como en su portal online backwoodshome.com, el mismo en el que se puede encontrar una entrada relativa al anuncio en cuestión.

Según las palabras de John Silveira, responsable de tan llamativo reclamo, todo fue producto de una broma destinada a la sección de clasificados. En ocasiones, cuando no tenían suficiente material, él escribía algunas adivinanzas, chistes o anuncios al estilo de otros tantos que sí eran ciertos, hasta que para el número de septiembre/octubre de 1997 (en concreto en la página 92) se le ocurrió meter la petición de un viajero del tiempo. Una pequeña broma que desembocó en la recepción de un gran número de cartas de todas partes del mundo, incluso de la Antártida –afirma que todavía hoy le siguen llegando–, con anécdotas y personajes muy variopintos.

Desde aquellos que le indicaban con todo lujo de detalle las armas que podrían llevar y el entrenamiento de combate que tenían, a otros que le pedían poder viajar con él incluso gratis para intentar salvar a alguien de su pasado (algo que terminó siendo usado para la trama de la película). Por supuesto, también estaban los que daban por hecho que era una chanza pero deseaban que no lo fuera e incluso los que, por el contrario, amenazaron con daños físicos si resultaba ser algún tipo de broma; personas de todo tipo y de todo lugar, cada una con su propia vida y esperanzas.

> «Pero me llegaron muchas cartas de gente que quería que corrigiera tragedias de su pasado. Docenas de presos me pidieron que viajara atrás en el tiempo y hablara con ellos para que no cometieran el crimen que los metió allí. Otras, y no precisamente pocas, eran de personas que me suplicaban que volviera y salvara a un ser querido de una muerte trágica. Esas cartas fueron tan desgarradoras que casi no pude leerlas y sentí cierta vergüenza por no anticipar la falsa esperanza que deposité en tantos corazones.»
>
> *John Silveira*

La novela que nunca existió

Hay que decir que, como el propio Silveira aclara, este anuncio no surgió de la noche a la mañana. La petición de un par de clasificados para llenar un espacio en blanco sí lo fue, pero esas líneas que piden a alguien que viaje en el tiempo y que pueda llevar sus propias armas eran el comienzo de una novela que jamás continuó.

Un dato curioso:

Aunque no exista una novela sí existe un muy desconocido libro de poemas titulado *Safety Not Guaranteed* escrito por Hunter Horton.

O más bien son las primeras palabras de una historia en la que empezó a trabajar pero que nunca llegó a terminar, salvo como una pequeña broma que se convirtió en un recurrente fenómeno de internet. Y, con el paso del tiempo (con o sin viaje en el mismo), en la base para esta galardonada película de culto.

El final que pudo ser (y por suerte no fue)

Uno de los mejores momentos de *Seguridad no garantizada* es su escena final, cuando los dos protagonistas se suben a la máquina del tiempo, o al bote del tiempo sería más correcto, una escena ejecutada con gran maestría que sabe alargar con acierto y sin exceso el interrogante sobre si es o no posible lo imposible. Gran parte de la magia de este filme es precisamente la duda constante a lo largo de sus minutos sobre si todo será verdad o no, y, si bien podría haberse dejado a la imaginación del espectador, se agradece que el producto final tenga una resolución clara en este aspecto.

Eso sí, un final que iba a ser totalmente diferente. En un primer momento el viaje en el tiempo no iba a ser funcional, algo que encajaba igualmente con la película pero que habría dejado un mal sabor de boca, además de romper por completo a los dos protagonistas.

La escena ya estaba rodada, la película terminada e incluso aceptada en el festival de Sundance, pero Colin Trevorrow no terminaba de estar conforme con este cierre. Algo de lo que se dio cuenta mientras paseaba por Nueva York, llamó a su equipo y a sus actores y les hizo la propuesta: les preguntó si estarían dispuestos a regresar para este cambio que, además, nunca se había llegado a plantear durante el rodaje.

Por suerte, todos accedieron y fue el broche perfecto, un momento en el que los protagonistas y los espectadores ven recompensadas su fe y su esperanza. Un final que, sencillamente, dice que todo es posible.

«Recuerdo que estaba paseando por las calles de Nueva York y sentí que algo no estaba bien. Realmente no lo sentía como algo mío, era algo que, sencillamente, no era correcto.»
Colin Trevorrow

¿Dónde os he visto antes?

Es cierto que para los estándares del cine norteamericano *Seguridad no garantizada* es una película de bajo presupuesto, pero eso no impidió que contara con actores de talento. Algunos ya tenían cierto reconocimiento en el momento de su estreno y otros lo han ganado después. Incluso uno de ellos se ha colado en alguna producción posterior del director, algo que casi siempre sucede con los directores que vienen del mundo indie (nunca olvidan sus orígenes). ¡Mirad a Sam Raimi y Bruce Campbell!

Darius y Kenneth, los protagonistas

No se puede decir que en 2021 Aubrey Plaza fuera una total desconocida, pero es cierto que el papel de Darius en *Seguridad no garantizada* fue un pistoletazo de salida. Antes de eso ya había sido vista tanto en cine como en televisión, a sus espaldas tenía trabajos como *Mayne Street*, *Scott Pilgrim contra el mundo* o *Parks and Recreation* con el personaje de April Ludgate. Si bien es posible que April Ludgate sea su personaje más conocido, no en vano lo interpretó desde 2009 a 2015, su carrera ha seguido creciendo con apariciones en televisión en *Castle*, *Legión* o *Mentes criminales*, y películas como *Emily the Criminal* o la divertida comedia *Mike y Dave buscan rollo serio*, en la que comparte cartel con Zac Efron, Adam Devine y Anna Kendrick.

Para dar vida a Kenneth, el taciturno creador de la máquina del tiempo, se contó con el actor Mark Duplass, quien empezó su camino en varios cortometrajes hasta 2005 cuando encuentra su primer papel cinematográfico en *The Puffy Chair*. Al igual que su compañera, no ha hecho diferencias entre la gran y pequeña pantalla; así, se le ha podido ver en *El efecto Lázaro*, *El amigo de mi hermana* o *El escándalo (Bombshell)* y en series como *The Morning Show*, *La liga fantástica* y *Goliat*. También ha hecho sus pinitos como director y guionista; de hecho, la primera película en la que apareció (la mentada *The Puffy Chair*) fue escrita por él. Tras esta llegaron otros trabajos propios, entre los que se pueden destacar *Cyrus* o la serie *Room 104*, ambas escritas y dirigidas junto a su hermano Jay, o la saga de terror *Creep* que dirige Patrick Brice.

Arnau y Jeff, los escuderos

No puede hacerse una película solo con dos actores (mentira, lo cierto es que sí se ha hecho), por ello los creadores Colin Trevorrow y Derek Connoly seleccionaron a Karan Soni y Jake Johnson como secundarios. Y debe decirse que no pudieron estar más acertados, tanto por la forma en que sus personajes fueron escritos como por la estupenda actuación de sus intérpretes. En algunos momentos no cuesta visualizarlos en un posible spin-off.

Karan Soni había tenido un puñado de actuaciones a lo largo de una década pero la buena acogida de *Seguridad no garantizada* hizo cambiar su carrera. A partir de 2012 se convirtió en un rostro habitual del cine y la televisión. Entre sus trabajos se pueden citar *Other Space*, *Los Goldberg*, la película *Pokémon: Detective Pikachu* o el irreverente serial que es *Miracle Workers* (y que recomiendo mucho).

Bien puede decirse que Jake Johnson era el actor más conocido en el momento de estreno del filme y esto se debe a su personaje de Nick Miller en *New Girl*, serie que coprotagonizó junto a Zooey Deschanel y que estuvo en antena desde 2011 hasta 2018. La producción gozó de gran éxito desde el primer momento, el suficiente para que tan solo un año más tarde Johnson ya fuera un actor popular. En 2012 también se le pudo ver en *Infiltrados en clase* (secuela y refrito de la serie *Nuevos policías*) y desde ese momento no ha dejado nunca de trabajar, aunque en ocasiones sus papeles pasen desapercibidos para el gran público. Incluso ha estado presente en algunos proyectos multimillonarios, como la desastrosa *La momia* de 2017, que protagonizó Tom Cruise. Entre sus dos actuaciones más reconocibles se pueden citar la del entrenador Ben Hopkins en la serie de animación *Hoops* (cuyo personaje animado está basado físicamente en él) y el de Lowery en *Jurassic World*, lo que, en parte, le devuelve a sus raíces al estar de nuevo junto a Colin Trevorrow y Derek Connolly.

De *Spider-Man: Un nuevo universo* a *Deadpool* (pasando por *Los pitufos: La aldea escondida*)

El mundo del cine, y en general todo el cultural, está vivo y no puede afirmarse lo contrario. Los creadores, actores y equipos técnicos van de una película a otra, lo que hace que en ocasiones haya guiños y referencias, además de diversas conexiones que hacen que un proyecto termine interrelacionado con otro totalmente distinto.

¿Qué conexión puede tener *Seguridad no garantizada* con *Spider-Man: Un nuevo universo*? ¿Y con *Los pitufos: La aldea escondida*? La tiene y en ambos casos es la misma, la presencia de Jake Johnson. Este actor ha participado en *Spider-Man: Un nuevo universo* dando vida a Peter B. Parker, el trepamuros de cuarenta años agobiado por la vida (y al que regresa en la secuela), y ha puesto su voz al servicio del Pitufo gruñón en la divertida *Los Pitufos: La aldea escondida*, filme que sin terminar de ser los Pitufos de Peyo sí logra dar unos buenos Pitufos.

«La gente me pregunta: ¿Alguna vez has querido ser un Peter Parker de acción real?
¿Me tomas el pelo?
Estos tíos viven en un gimnasio y usan mallas realmente incómodas durante 14 horas diarias.
Y no es como si estuvieras haciendo una actuación muy divertida, rodar esto es algo muy pesado.
¿Tener que hacer prensa durante cinco meses? No creo que fuera capaz.»
Jake Johnson

Por lo que se refiere a *Deadpool* hay que ir hasta Karan Soni, al que sin duda el lector recordará como Dopinder, el chófer del mercenario más bocazas y querido del mundo. Un personaje divertido y entrañable que solo quiere ser parte del momento. El problema es que los momentos suelen conllevar un gran número de peligros, heridas y una muerte casi segura. Este intérprete también ha sido parte de *Trolls 2: Gira mundial*, decepcionante secuela de la genial *Trolls*, en este caso como la voz de Riff. En esta película también se cuenta con el mismísimo Ozzy Osbourne como el Rey Thrash, el padre de la aviesa y furiosa Barb.

Por cierto, todos estos nombres de trolls son en sí mismos un juego de palabras. El Rey Thrash hace referencia más que directa a la música Thrash Metal, mientras que Barb puede traducirse como lengüeta y Riff es más que evidente que se refiere a un buen riff de guitarra.

Colin Trevorrow, el indie de los blockbusters

Hay directores que parecen encontrar su voz y su mundo de forma rápida, pero en pocos casos se puede hablar de una velocidad como la de Colin Trevorrow. Realizador que se adscribe a esa tendencia cada vez más popular de los grandes es-

tudios de contratar para sus franquicias a nombres que llegan desde el cine de bajo presupuesto e independiente, algo que empezó hace décadas con la (estupenda) sorpresa del anuncio de Sam Raimi para dirigir *Spider-Man*.

Otros más actuales serían Gareth Edwards y Michael Dougherty para la saga *Godzilla* de Legendary Pictures, Rian Johnson para *Star Wars: Los últimos jedi* o Josh Trank en la malograda *Cuatro Fantásticos* de 2015. Todos ellos han puesto su granito de arena en franquicias millonarias, en el caso de Trevorrow ha sido tanto en *Jurassic World* como en *Star Wars* pero no corramos y demos antes unas pinceladas de su biografía.

Sus iniciáticos pasos profesionales los dio en 2002 con el cortometraje *Home Base*, que él mismo escribió y dirigió, pero su primer gran éxito fue vender a DreamWorks el guion para una película titulada *Tester*. Este filme presentaba a un joven veterano de guerra que forma parte de un ensayo clínico para curar su trastorno de estrés postraumático, pero le implantan un chip en el cerebro para controlarlo. Una idea interesante de la que se supo que, en teoría, entraba en producción hace muchos años y desde entonces está parada en el infierno del desarrollo sin visos de llegar a nada palpable y estrenable.

Cuando Colin encontró a Derek

El camino de Colin Trevorrow le llevaría hasta el *Saturday Night Live*, donde coincidiría con el que se convertiría en su otra mitad: el guionista Derek Connolly. A partir de ese momento deja de escribir en solitario y todos sus proyectos los hace de la mano de su colega y amigo, algo que les ha dado a ambos buenos resultados, como podemos ver en *Seguridad no garantizada*, aunque su primera colaboración, *Cocked and Loaded*, una película de comedia policial, nunca llegó a ver la luz.

Más allá de estas obras, su trabajo conjunto se ha extendido en el tiempo con las superproducciones *Star Wars: El ascenso de Skywalker*; la trilogía *Jurassic World* (*Jurassic World*, *Jurassic World: El reino caído* y *Jurassic World: Dominion*), cuyas primera y tercera parte dirigió Trevorrow; y en *Intelligent Life*, de la realizadora Rebecca Thomas, quien también está detrás de la tristemente muy desconocida *Electrick Children*.

No todo han sido éxitos, ambos fueron contratados por Walt Disney para realizar el guion de un refrito de *El vuelo del navegante,* pero el proyecto final salió de las manos de Brad Copeland y Joe Henderson. De igual forma, en 2015 esta compañía anunció que Trevorrow sería el encargado de dirigir el noveno episodio de *Star Wars*, algo que no llegó a suceder, ya que dejó la película por diferencias creativas con la empresa.

> «Trabajar en películas más pequeñas puede ser más satisfactorio desde el punto de vista artístico, además de tener más libertad creativa, pero lo más probable es que la película nunca se haga o, si se hace, que tenga un lanzamiento y una audiencia más pequeños.»
>
> *Derek Connolly*

Duel of the Fates, el Star Wars que nunca vimos

Retomando lo comentado hace un momento, en el año 2019 se estrenó en los cines de todo el mundo *Star Wars: El ascenso de Skywalker*, el noveno episodio de la franquicia que, a la postre, suponía el cierre para la crónica de los Skywalker. Un filme muy esperado, recaudó millones (algo que no sorprendió a nadie) y tuvo un guion firmado por Chris Terrio y J. J. Abrams, quien, además, fue el director de la aventura.

¿Pero en su día no se confirmó que el director iba a ser Colin Trevorrow? Sí, así fue. En agosto de 2015 se anunció que él iba a ser el responsable de este cierre y, de hecho, él y su amigo Derek Connolly llegaron a escribir la historia para esta película titulada de forma provisional *Star Wars: Duel of the Fates*, a la que posteriormente debieron hacer ajustes por el inesperado fallecimiento de Carrie Fisher en diciembre de 2016. Y de forma sorprendente en septiembre de 2017 el cineasta dejaba el proyecto sin mayor explicación, lo que no impidió que la película llegase a cines pero no según fue inicialmente concebida.

Tiempo más tarde, en 2020, el guion de Connolly y Trevorrow se filtró en Internet y la respuesta por parte de los fans y de los críticos fue muy positiva. Es más, se llegó a decir que era mejor que el producto final y que sí hacía auténtica justicia a la saga (el tema sobre qué es o no es *Star Wars* siempre está abierto a debate). Lo cierto es que algunos elementos de este escrito sí llegaron hasta la gran pantalla pero otros tantos se quedaron por el camino, como que Rey se apellide Solana y no tenga relación alguna con Palpatine, la búsqueda del antiguo maestro Sith Tor Valum por parte de Kylo Ren, una mayor presencia de Luke Skywalker (o su espíritu)…

Un dato curioso:

El título *Star Wars: Duel of the Fates* era un homenaje a la música de John Williams para *Star Wars: Episodio I - La amenaza fantasma.*

Desde su aparición online muchas voces han pedido que este trabajo no caiga en el olvido, entre ellos John Boyega (actor que interpretó a Finn), que fue muy crítico con la película final, que redujo mucho la importancia de su personaje. Se ha elucubrado que quizá pueda hacerse una versión en cómic, algo que hace años se hizo con el tratamiento original de *La guerra de las galaxias*, que terminó llegando a las viñetas en una serie limitada bajo el título *The Star Wars*, con el protagonismo de Annikin Starkiller.

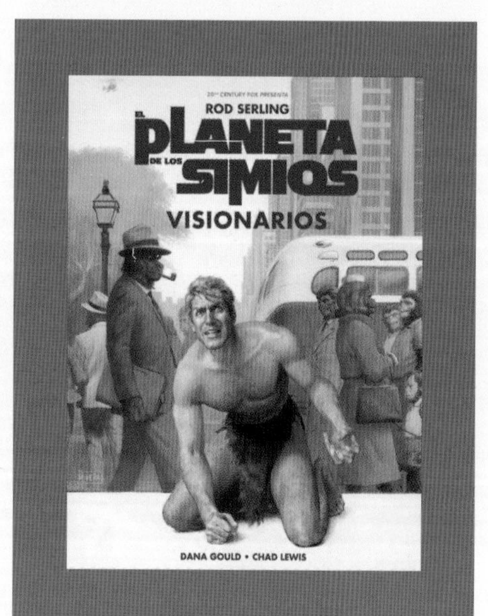

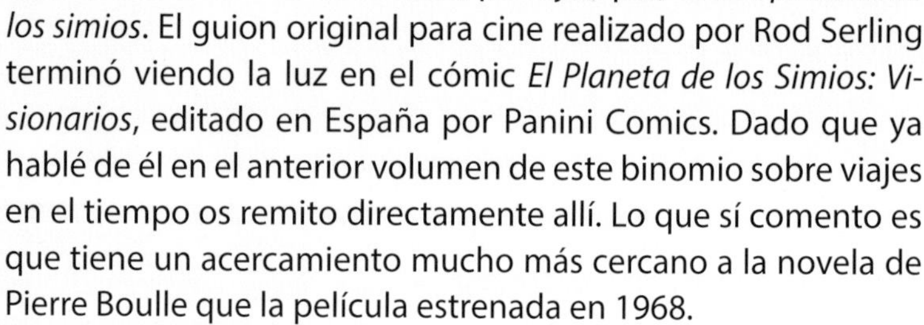

Esto es algo que se ha hecho en otras ocasiones, por ejemplo, con *El planeta de los simios*. El guion original para cine realizado por Rod Serling terminó viendo la luz en el cómic *El Planeta de los Simios: Visionarios*, editado en España por Panini Comics. Dado que ya hablé de él en el anterior volumen de este binomio sobre viajes en el tiempo os remito directamente allí. Lo que sí comento es que tiene un acercamiento mucho más cercano a la novela de Pierre Boulle que la película estrenada en 1968.

«Lo que me alegra de haber trabajado en *Star Wars* es que conseguí experiencia real en hacer una nueva versión de algo que amábamos cuando éramos niños y cogerlo para llevarlo hasta una conclusión satisfactoria.»

Colin Trevorrow

Atrapado en el tiempo

La comedia perfecta

No tiene sentido, ninguno. Ayer me desperté y era hoy, y anteayer, y el otro, y hoy sigue siendo hoy. ¡Es imposible! Da igual si me duermo o no, siempre sucede lo mismo. Son las 6 de la mañana, suena la radio y es el maldito día de la marmota.

No sé cuánto tiempo podré soportarlo sin volverme loco, si es que no lo estoy ya. Apenas recuerdo nada de la última semana, ¿o ha pasado un mes? ¿Un año? ¿Una década? ¿Medio siglo? No lo sé, no puedo llevar la cuenta. Sé que estuve en el cine y fui vestido de Clint Eastwood, ¿por qué narices hice una tontería así?

¡Estoy atrapado! Esto tiene que ser una maldición, ¿pero de quién? ¿Quién conozco que me odie tanto? Soy una persona estupenda, soy amable y generoso, nadie podría odiarme. Si alguien me tiene tirria es culpa suya, siempre he caído mal a los idiotas y ellos a mí.

Claro, ¡idiotas! Tiene que ser culpa de Larry, que es incapaz de sacarme bien con esa maldita cámara... Puede que sea cosa de Ned, ese insoportable mediocre... no le

aguantaba en el colegio, ahora menos. ¡Y le veo todas las mañanas! Da igual qué haga, me termino cruzando con él.

Podría suicidarme. Otra vez. ¿Qué me queda? Je, lo de secuestrar a la rata esa y lanzarme por un acantilado estuvo bien, fue divertido. Quizá vuelva a probarlo… ¡Vestido de Clint Eastwood! Total, no importará, no puedo morir. Soy inmortal.

Soy eterno, llevo tanto aquí que conozco la vida de todos los habitantes de Punxsutawney. Me sé sus nombres, sus mentiras, su pasado… Me pregunto si Dios se sentirá así, aburrido y cansado de vivir.

…¿Dios?…

…Quizá el auténtico Dios use trucos, quizá no sea omnipotente, solo que lleva aquí tanto tiempo que lo sabe todo.

...¿Y si Dios es solo un preso que lleva mucho, pero mucho tiempo atrapado?…

…¿Y si soy un dios?…

Un cuento único

Atrapado en el tiempo, que ya es conocido en muchas ocasiones directamente por *El día de la marmota* (traducción literal de su título original *Groundhog Day*), suele aparecer de forma invariable en todos los listados de películas imprescindibles de viajes en el tiempo; también en el de grandes comedias y, de regalo, en los títulos icónicos de Bill Murray. No es para menos, con el paso de los años su fama solo ha ido a más, y es que resulta imposible no verla sin caer rendido a sus pies.

Es mágica. No lo digo como algo metafórico, que también, es algo literal, ya que el protagonista se encuentra viviendo el mismo día una y otra y otra vez sin que haya una explicación aparente. ¿Es una maldición? ¿Un regalo? ¿Un fallo en la gran calculadora del Universo? ¿Es una broma del dios Momo? Lo más probable es que sea algún tipo de castigo que Phil Connors, el ácido protagonista al que interpreta Bill Murray, se merece y mucho.

Nos resulta divertido pero no puede negarse que si esta historia le sucediera a una persona buena y amable nos parecería mucho menos atractiva; a fin de cuentas, en el fondo siempre queremos ver al malo sufrir por sus actos. Y sí, Phil no es realmente malvado pero tampoco es un buen tipo. No obstante, lo que puede ser una agonía que dura un indeterminado y laxo tiempo termina siendo el comienzo de una nueva vida para él. Logrará dejar atrás su cinismo y su superioridad moral y encontrará dentro de sí a esa persona que siempre quiso ser aunque no lo supiera.

Al final fueron felices y comieron perdices. ¿Es muy manido? ¿Demasiado tópico? Puede ser, a quién le importa, funciona y deja un buen sabor de boca. En parte te hace pensar en las sabias palabras de la Madre Teresa cuando dijo «Sé feliz en este momento, eso es suficiente. Cada momento es todo lo que necesitamos, no más.» ese es el premio que obtiene el protagonista, encuentra su felicidad aquí y ahora; y nosotros como espectadores descubrimos que según terminamos de ver la película queremos volver a verla. Y volver a verla y, después, una vez más.

A fin de cuentas, tiene sentido que sea así.

Todo empezó con un vampiro

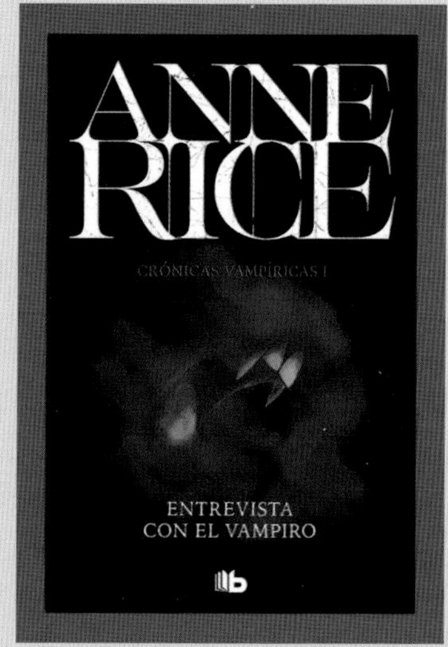

Quizá resulte sorprendente, pero el origen de esta desternillante historia se encuentra en *Entrevista con el vampiro*, exitoso libro de Anne Rice adaptado en una todavía más exitosa película que protagonizaron Tom Cruise y Brad Pitt. Danny Rubin, al leerlo, empezó a pensar en los conceptos de inmortalidad y paso del tiempo, de cómo, básicamente, un vampiro es muy parecido a un humano. Siendo así, ¿cómo le afectaría el transcurrir de los siglos? ¿Serían una condena? ¿Llegaría a cambiar? ¿Sería capaz de ello?

Empezó a trabajar en un guion sobre este tema pero el hecho de querer mostrar diferentes periodos históricos iba a conllevar un gran presupuesto; sumado a que era un guionista dando sus primeros pasos, iba a hacer que fuera complicado captar el interés de una productora a menos que hiciera algunos cambios. Por fortuna, antes había tenido otra idea, la de un hombre que despierta una y otra vez en el mismo día, algo que por un lado daba un concepto distinto de la eternidad al convertirla en un bucle infinito y de paso abría las puertas a la comedia sin eliminar de todo el drama.

Todavía quedaba mucho por hacer, ya que en un origen Rubin planteó una propuesta algo más oscura para Phil Connors que incluía un final en el que Rita, Andie MacDowell en el cine, quedaba atrapada en su propio bucle infinito. Lo que sí se mantuvo casi desde un comienzo fue la ausencia de una explicación real sobre el motivo de esta maldición, algo que llegó a considerarse como un posible encantamiento de una expareja del protagonista y que con mucho acierto se prefirió dejar en el aire.

Cuando Danny encontró a Harold

Si bien es cierto que la premisa inicial y la idea que lo movió todo vino de la mente de Danny Rubin, no es hasta que Harold Ramis aparece en escena que empieza a cobrar auténtica vida, y es que el director y también guionista estaba en busca de un nuevo proyecto al que hincar el diente cuando este le llegó por medio de su agente. Le interesó y vio claramente que tenía posibilidades cómicas sin dejar de

lado un cierto toque dramático, consideró que necesitaba bastante reescritura para dar más dosis de humor manteniendo la experiencia espiritual del protagonista que hacía de la historia algo interesante.

Ya con él dentro llegó el momento de encontrar la productora adecuada y esta terminó siendo Columbia Pictures, algo que tenía sus luces y sombras. Por un lado, se podría contar con un presupuesto alto y una buena campaña publicitaria, por el otro, y de forma inevitable, el estudio iba a pedir cambios sobre el escrito. Esto terminó ocurriendo, con varias peleas entre Ramis y Rubin con los directivos, el empeño de que la historia debía empezar antes del bucle y no durante, escenas explicativas del porqué sucede todo puestas prácticamente al final del plan de rodaje para evitar grabarlas…

«Atrapado en el tiempo es bastante suave.
Puede tener que ver con un sentimiento puritano de que, en cierta forma, la comedia es un placer prohibido, te hace reír pero de algún modo se percibe como una emoción inferior a la tragedia.»
Harold Ramis

Un dato curioso:

Cher jamás pensó que *I Got You Babe,* la canción que suena invariablemente en el despertador de Phil, se convertiría en un éxito. En un principio ni siquiera le gustaba.

Las reescrituras continuaron, incluyendo una entre Danny Rubin y el propio Bill Murray, e incluso se realizaron cambios durante la grabación (algo más común de lo que solemos creer), ideas de todo tipo se quedaron fuera y el rodaje fue tenso. Es bien sabido, en unas líneas se hablará de ello, que la relación entre Harold Ramis y Bill Murray quedó dañada para siempre, pero no puede negarse que gracias a la idea inicial de Rubin, el buen hacer de Ramis y la cínica actuación de Murray se logró crear una película prácticamente perfecta.

¿Cuántos años pasa Phil atrapado en el tiempo?

Esa es una de las grandes incógnitas de la película, sin que haya realmente una versión oficial al respecto. Lo que sí hay son muchas teorías y elucubraciones: desde la productora, que en su momento asumía que eran solo dos semanas (lo que no tiene mucho sentido para nadie que haya visto el film), hasta Harold Ramis, que al poco de su estreno consideró que quizá debió ser una década. Posteriormente, reconoció que le parecía muy poco tiempo y que, seguramente, sería algo más cercano a los 30 o 40 años.

El borrador original escrito por Danny Rubin arroja algo de luz a este respecto, ya que llega a aclarar que en total está viviendo el mismo día por unos 70 u 80 años, además de contar con una escena que no llegó al guion final en la que Phil lee cada día una página de un libro hasta que se queda sin lectura, al haber terminado con todo lo que la biblioteca local puede ofrecer. Esto no da una cifra exacta mas sí ayuda a mostrar que el lapso de tiempo es enorme, lo suficiente como para pueda ser un castigo divino o una bendición para enmendar sus errores.

Este cálculo inicial encaja con declaraciones hechas por el guionista en 2005, más de dos lustros después del estreno en cines, en las que apuntaba un poco más alto, dando como posible que fuera todo un siglo. Sea el tiempo que sea es el suficiente para que Phil Connors aprenda a hacer esculturas de hielo, a tocar el piano y, lo más importante, a ser una persona mejor.

«Pero el objetivo de la película para mí era que tenías que sentir que estabas soportando algo que estaba sucediendo durante mucho tiempo... Para mí tenía que ser... no sé. Cien años. Toda una vida.»

Danny Rubin

¿Un plagio o una simple casualidad?

El mundo audiovisual está lleno de plagios, es algo que todos sabemos, algunos son bien conocidos, como la batalla de Harlan Ellison con *Terminator* o el caso de las series *Timeless* y *El Ministerio del Tiempo;* otros, en cambio, no lo son tanto, como pasa con *Hombre mirando al sudeste* y *K-Pax* y otras tantas producciones. Esto mismo sucede con *Atrapado en el tiempo* y el relato corto titulado *12:01 PM*.

Esta historia escrita por Richard A. Lupoff se publicó por primera vez en 1973 y narra un bucle en el tiempo en el que una persona queda atrapada, una trama que fue adaptada en dos ocasiones. La primera, en 1991 en un mediometraje firmado por Jonathan Heap y, de nuevo, en 1993 ya como una película llamada *12:01, testigo del tiempo*, que dirigió Jack Sholder; y si nos atenemos a lo que mantiene el escritor, se puede considerar que *Atrapado en el tiempo* también lo es.

«La historia también fue adaptada, en realidad plagiada, en una importante película cinematográfica de 1993. Jonathan Heap y yo estábamos indignados e hicimos todo lo posible para perseguir a los sinvergüenzas que nos habían robado.»

Richard A. Lupoff

Si uno lee el relato no cuesta ver los paralelismos más que evidentes que existen entre un producto y otro, motivo por el que Richard A. Lupoff y Jonathan Heap pasaron meses entre mesas y reuniones de abogados para lograr un reconocimiento de esta situación por parte de Columbia Pictures. Por desgracia, como en otros casos anteriores, la productora ganó por el cansancio de la parte más débil, ya que tras tanto tiempo sin lograr nada más que perder dinero y salud decidieron aparcar el tema y seguir con sus vidas.

Atrapado en el tiempo: Más allá

La fama de *Atrapado en el tiempo* ha hecho que su historia haya sido llevada a otros medios; por supuesto, uno de ellos es el musical, algo no demasiado extraño, ya que los estadounidenses parecen hacer musicales de cualquier cosa (*Regreso al futuro*, *El ejército de las tinieblas*, *Con faldas y a lo loco*…), además de un videojuego, un refrito italiano y un anuncio televisivo que bien podría ser una secuela no oficial.

El musical

El conocido compositor Stephen Sondheim se interesó en su momento por ser él quien llevara la historia hasta los escenarios pero, finalmente, no fue posible por un motivo que debió llenar de orgullo a Harold Ramis: la consideraba una película perfecta y no se veía capaz de mejorarla en ningún aspecto. Finalmente, un musical sí llegó a estrenarse en 2016 con gran implicación por parte de Danny Rubin quien durante años estuvo trabajando en un libreto propio, ya que esa parte de los derechos los seguía conservando (en vez de estar en manos de Columbia). Junto a Matthew Warchus y Tim Minchin perfilaron la propuesta que se estrenó en el Old Vic de Londres, con la que consiguieron buenas críticas; posteriormente, llegó a Broadway, donde el propio Bill Murray fue a verla junto con su hermano Brian.

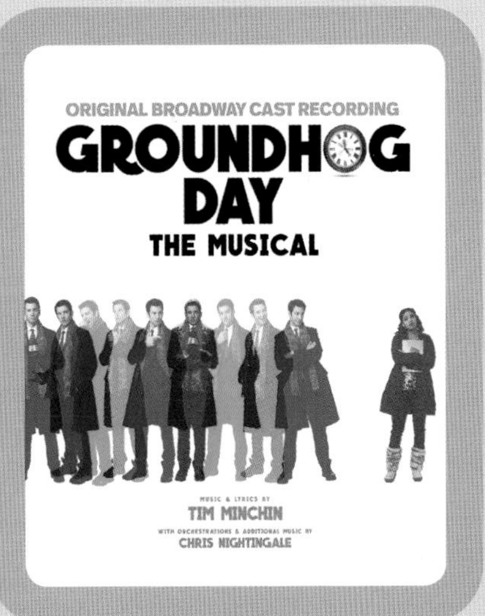

El videojuego

A pesar de la popularidad de la película nadie se atrevió a hacer un videojuego basado en la misma hasta 2019, cuando Tequila Works lanzó al mercado *Ground-*

hog Day: Like Father Like Son, cuyo título deja bastante claro que estamos ante una secuela protagonizada por el hijo de Phil Connors. El muchacho ha nacido y se ha criado en Punxsutawney, donde la sombra de su padre es muy alargada. No olvidemos que al final del filme es conocido y querido por todos sus habitantes, además de ser un amante declarado hacia el pequeño pueblo. Como no podía ser de otra forma, el chico se ve atrapado en su propio bucle temporal, al igual que años antes le pasó a su progenitor.

El refrito

Un día sin fin, *È già ieri* en italiano, es una película estrenada en el año 2004 con dirección de Giulio Manfredonia y guion de Valentina Capecci, que recrea la historia de *Atrapado en el tiempo*, sin mayor repercusión, habiendo quedado bastante relegada al ostracismo. En este caso, la trama presenta a Filippo (Antonio Albanese) un famoso documentalista de flora y fauna que por trabajo debe viajar a Tenerife para grabar a las cigüeñas locales, motivo por el que, en ocasiones, se conoce al filme por Stork Day (El día de la cigüeña).

El anuncio

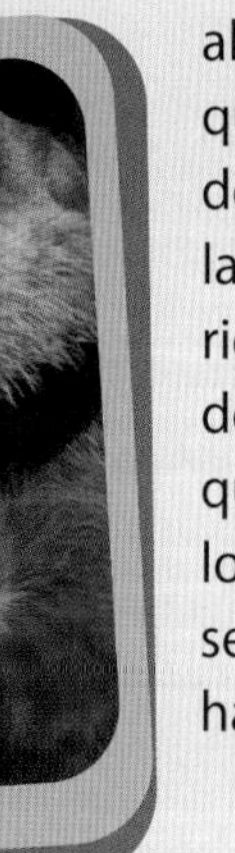

2020 fue un año que no olvidaremos (aunque queramos) por esa pandemia que nos afectó a todos; también fue el año en que Bill Murray regresó al papel de Phil Connors. Si bien no fue en una secuela, proyecto que se abortó ya en 1993, sí fue en un anuncio del Jeep Gladiator. Se despierta de nuevo en Punxsutawney en la misma habitación, con la misma música sonando en el despertador e incluso con las apariciones de Stephen Tobolowsky como el persistente Ned Ryerson y de su hermano Brian Doyle-Murray como el maestro de ceremonias que habla con la marmota Phil. Pero la presencia del Jeep Gladiator lo cambia todo y hace que repetir una y otra vez ese 2 de febrero no sea una maldición, de hecho, termina diciéndole a la marmota «No ha sido un mal día, ¿eh?».

> «Ten el mejor día de tu vida una y otra vez.»
> *Lema del anuncio del Jeep Gladiator*

El auténtico Día de la Marmota

Aunque pueda parecer mentira, existe esta celebración. Es más, se realiza en diferentes lugares de Estados Unidos de una forma bastante similar a lo visto en la película. ¿Y el motivo de que fuera elegida esta fiesta y no otra? La cercanía de la fecha.

Danny Rubin estaba escribiendo y avanzando en su guion, necesitaba una festividad en la que encajar su trama, miró en su calendario de mesa cuál era la más cercana y el destino quiso que fuera el Día de la Marmota. Sin saberlo el escritor iba a convertir una pequeña fiesta local en todo un icono de masas, que si alguien tiene interés puede verlo retransmitido en directo cada año (yo suelo hacerlo, nunca va mal saber si tendremos un invierno largo).

Hay que reconocer que el festival celebrado en Punxsutawney, el elegido para la película, es todo alegría y buen rollo. El pueblo entero se reúne, hay música en directo, comida... es, en toda regla, una celebración de la vida protagonizada por la marmota Punxsutawney Phil. Se celebra oficialmente desde 1887 y según la tradición el roedor ha sido siempre el mismo; además, desde la pequeña localidad mantienen que solo él es el auténtico pronosticador del tiempo y que el resto no pasan de ser imitadores.

Harold y Bill: una amistad, dos genios

Hay que reconocer que *Atrapado en el tiempo* es una película ingeniosa, divertida y redonda. Es perfecta, no se puede decir otra cosa, no hay un problema que salte a la vista o una incoherencia que haga que no funcione. Todo está bien medido y orquestado, la música, las actuaciones, el guion y sus detalles... Sencillamente, la mezcla de los talentos de Harold Ramis y Bill Murray logró crear algo maravilloso, pero como dice el refrán no puede hacerse una tortilla sin romper algunos huevos.

En este caso los huevos fueron la amistad que tenían entre sí, amigos y compañeros desde tiempo atrás (ambos empezaron en la revista *National Lampoon* y trabajaron en su línea fílmica), habían colaborado en varios proyectos que se saldaron con buen éxito, algo que les convirtió en valores seguros en la compleja industria del cine de Hollywood. Nada hacía presagiar que esto fuera a cambiar, pero aunque la vida es simple, nunca es fácil.

Desde un comienzo hubo ciertos roces y problemas en el enfoque de *Atrapado en el tiempo:* Harold Ramis estaba más interesado en la vertiente cómica que tenía la idea, mientras que Bill Murray prefería ir por derroteros más filosóficos. Esto ya marcó una tirantez permanente en la producción, algo que fue a más según pasaron las semanas de rodaje y terminó rompiendo no solo una relación profesional, sino también una larga amistad.

¿El motivo? Es complejo de explicar, trabajar con Bill Murray nunca ha sido fácil (os recomiendo el excelente libro *Cómo ser Bill Murray*) debido a su muy característica forma de ser, se sumaron a esto diversos problemas personales del actor y los distintos puntos de vista respecto el argumento entre uno y otro. Es más, el guion se tuvo que modificar en diferentes fases de las grabaciones, lo que siempre es un malestar añadido que complica todo, y tan solo añadió presión a una olla a punto de estallar.

El incorregible, y talentoso, Bill Murray

Bill Murray es un actor muy querido, su sola presencia logra atraer al público a las salas. Aunque no siempre tenga una actitud profesional o sea de fiar, más bien todo lo contrario, logra ser querido por todos. Esto es así desde sus primeros pasos, a su favor tiene un talento innegable que le ha permitido ser como es sin que esto afecte a su carrera.

No puede entenderse su éxito sin la revista *National Lampoon* y, posteriormente, el *Saturday Night Live*, que se llevó a muchos de los cómicos que actuaban en los shows de la mentada publicación. Es en estos dos lugares en los que empieza a gestarse el que será su personaje más característico, el de un sinvergüenza con cierta malicia y mucho cinismo pero que en el fondo tiene buen corazón, es amigo de sus amigos y no duda en ser generoso cuando le apetece. Un personaje ficticio con el que tiene mucho en común.

Un dato curioso:

Que el personaje de Bill Murray se llame Phil, igual que la marmota, no es casualidad. Además, los dos se dedican a lo mismo, a dar el parte meteorológico.

Su gran momento fueron los años ochenta gracias a unos primeros trabajos en el cine que le hicieron convertirse en un rostro habitual de la revolución de la comedia norteamericana, títulos como *El club de los chalados*, *La tienda de los horrores*, *Los fantasmas atacan al jefe* y, por supuesto, *Los Cazafantasmas*. Claro que no todo el monte es orégano y debido al poco éxito de *El filo de la navaja*, adaptación de la novela de W. Somerset Maugham, estreno eclipsado por completo por *Los Cazafantasmas,* decidió tomarse un tiempo para él mismo y alejarse del mundo del cine. En ese paréntesis vivió en Europa, pasó tiempo con su familia y estudió historia y filosofía.

«Alguien me dijo hace poco:
"Vi tu última película.
Espero que no te hayan pagado porque solo estabas siendo tú mismo".
Simplemente respondí:
"¿Sabes? Ser tú mismo es más difícil de lo que crees.
¿Por qué no lo intentas alguna vez? No es tan fácil de hacer.»
Bill Murray

La década posterior afianzó su estatus gracias a filmes como *La chica del gánster*, *Ed Wood*, por supuesto *Atrapado en el tiempo* y *Academia Rushmore* que marcaría el inicio de su fructífera relación profesional con el director Wes Anderson. De hecho no puede entenderse su trayectoria desde ese momento sin él, ambos se han convertido en compañeros inseparables. El director siempre tiene un papel para él y el actor está más que dispuesto a participar en sus proyectos, algunas de sus actuaciones más aplaudidas han sido bajo sus órdenes en películas entre las que destacan *Los Tenenbaums. Una familia de genios* y *Life Aquatic*.

Un dato curioso:

Bill Murray no tiene un agente formal, tiene un contestador automático en el que pueden dejarse mensajes. Con suerte los escucha y con mucha más suerte responde.

En los años siguientes, hasta la actualidad, su carrera ha sido muy irregular con papeles en grandes éxitos comerciales, otros prácticamente desconocidos, varios aciertos en obras de culto y por supuesto su regreso al personaje de Peter Venkman en la más que esperada tercera parte de *Los Cazafantasmas*. Quizá el momento más llamativo de esta etapa fue el acceder poner su voz para la (terrible) película de acción real del gato Garfield, algo que aceptó por un error: confundió a su guionista Joel Cohen escritor de *El dinero es lo primero* con Joel Coen (sin "H") autor junto con su hermano Ethan de *Barton Fink* y otras aplaudidas películas.

Harold Ramis, un genio de la comedia

Harold Ramis es uno de esos extraños creadores americanos que por su tipo de humor y su cierta mala uva parecen más bien ingleses, aunque sin llegar al nivel de Frank Oz. Para el público mayoritario es en muchas ocasiones desconocido, tristemente desconocido más bien, ya que se le sitúa más por su actuación como Egon Splenger en *Los Cazafantasmas* y *Los Cazafantasmas 2*, con un precioso y emotivo homenaje (que me hizo llorar) en *Cazafantasmas: Más allá*, que por toda su labor detrás de algunas de las comedias más exitosas y queridas de las últimas décadas.

A pesar de que ya había hecho pinitos como cómico, al igual que sus amigos Dan Aykroyd y John Belushi (a quien Murray sustituyó como Peter Venkman por su inesperado fallecimiento), su auténtica carrera empezó a despegar en 1978 gracias a *Desmadre a la americana*. Esta fue la iniciática película lanzada por el magazine *National Lampoon*,

primera de una extensa saga (no conectada) de humor en la que se dieron cita muchos de los actores, guionistas y directores que llevarían la comedia americana a un nuevo nivel y la convertirían en todo un referente internacional.

La irreverencia y lograr la risa eran sus dos puntos cardinales, con una forma de hacer y de ser que Ramis fue perfeccionando en *Los incorregibles albóndigas*, *El pelotón chiflado* y *El club de los chalados*, que, además, fue su primer trabajo como director. Esta última se basaba parcialmente en la experiencia real de Brian Doyle-Murray como caddie en un club de campo y dio a su hermano Bill el que sería su primer papel inolvidable, el del extraño y excéntrico Carl Spackler.

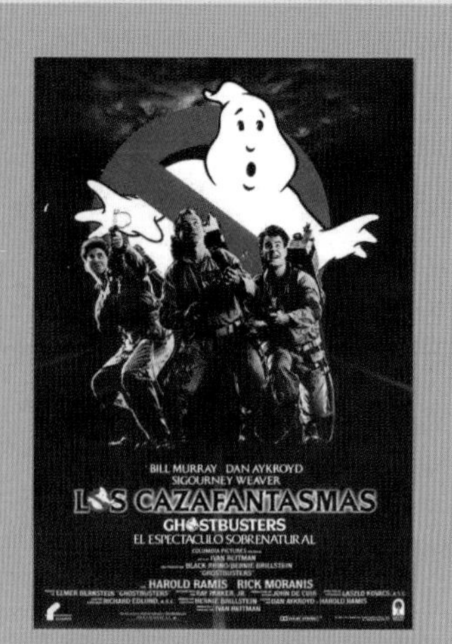

Llegamos así hasta 1984 y el gran éxito que fue *Los Cazafantasmas*, con guion suyo y de Dan Aykroyd (la idea original era suya) y dirección de Ivan Reitman. Una película que marcó un antes y un después en la carrera de los implicados, se convirtió en el trabajo más conocido de todos ellos con miles de fans alrededor del mundo, merchandising que va desde muñecos a fiambreras, varias series de dibujos y videojuegos... Un filme que a pesar de sus carencias ha pervivido sin problema a lo largo del tiempo sin caer nunca de posición en su podio de ganadora.

Posteriormente, Harold Ramis seguiría actuando pero de una manera más discreta –como en *Mejor... imposible*, en la que tiene un pequeño cameo como el doctor Bettes, el médico que trata al hijo de la protagonista (interpretada por Helen Hunt)– prefiriendo centrarse prácticamente por completo en su vertiente de guionista. Suyos son títulos tan aplaudidos como *Una terapia peligrosa*, con Robert De Niro riéndose de sí mismo, o *Al diablo con el diablo*, que es un refrito de la película *Mi amigo el diablo* de 1967 (en inglés ambas son *Bedazzled*).

Harold Ramis falleció en 2014 con una salud muy deteriorada, pero antes de irse de este mundo Brian Doyle-Murray habló con su hermano y le instó a ir a verle, a hacer las paces con él y despedirse del que había sido su amigo y colega.

«Se nos ha olvidado uno.
Harold Ramis por *El club de los chalados, Cazafantasmas*
y *Atrapado en el tiempo.*»
Bill Murray

(improvisando un homenaje a Harold Ramis en la gala de los Oscar 2014 tras leer los nominados a Mejor Fotografía).

Otros bucles temporales

Los cronocrímenes

Nacho Vigalondo es uno de los directores más interesantes que tenemos en España y una muestra de ello es *Los cronocrímenes*. Un relato de bucles en el tiempo que protagoniza un magnífico Karra Elejalde y que logra conquistar a todo amante del género, además de a la crítica nacional e internacional. En 2011 se anunció que habría un refrito hollywoodiense que llevaría a cabo DreamWorks Pictures con Steven Zaillian a los mandos, pero no ha vuelto a saberse más del tema.

Palm Springs

Esta película nació de la mente de Max Barbakow y Andy Siara en 2015. En aquel entonces todavía eran estudiantes en el American Film Institute pero lograron captar el interés de una productora y tan solo un lustro después llegaba a los cines. La historia transcurre en Palm Springs durante una boda en la que dos asistentes (el actor Andy Samberg y la actriz Cristin Milioti) quedan atrapados en un bucle temporal con las habituales consecuencias de enredo y comedia, además de contar con el siempre genial J. K. Simmons como secundario de lujo.

Un dato curioso

En realidad, la película se rodó en Los Ángeles y no en Palm Springs.

Feliz día de tu muerte

Se puede definir a Feliz día de tu muerte como una mezcla entre *Scream* y *Atrapado en el tiempo*. Esto último, de hecho, se reconoce de forma abierta en la película. Se estrenó en 2017 y consiguió su propia legión de fans, lo que posibilitó una segunda parte en 2019 y un tercera que hará de cierre para la saga. La historia nos lleva hasta un campus universitario en el que la joven Tree Gelbman (Jessica Rothe) es asesinada tan solo para despertar al día siguiente, con el punto novedoso de que su cuerpo sí recuerda lo sucedido (con heridas, cicatrices y hematomas).

Deadpool 2

El gamberrismo hecho película

Se abre la puerta y entra el mercenario. Su traje rojo y negro es único.

—Bueno, no tanto, se parece mucho al de Spiderman.

Sí, bien… Su traje rojo y negro es único, aunque se parece mucho al de Spiderman. El sudor empapa su máscara. Las manos llegan hasta sus pistolas a una velocidad que parece increíble. Dispara. Una. Dos. Tres. Cuatro.

No hace falta más. Cuatro balas para cuatro secuaces. Nadie tiene una puntería igual.

—Ojo de Halcón.

¿Qué? ¿Ojo de Halcón qué?

—Creo que Ojo de Halcón tiene una puntería como la mía, dame un arco y una flecha y soy, básicamente, Ojo de Halcón.

No hace falta más. Cuatro balas para cuatro secuaces. Nadie tiene una puntería igual. Excepto quizá Ojo de Halcón, el legendario arquero.

El mercenario avanza. Lentamente. Sus enemigos han caído. El olor a pólvora llena el ambiente. Llega hasta su máscara. Camina por entre los cuerpos. Vigila atento. Entonces…

—¡Y Bullseye!

¡Dios! ¿Qué pasa ahora con Bullseye? ¡¿QUÉ?!

—No, que él también tiene una puntería increíble. Una vez le vi pegándose con Daredevil en un tejado y cómo repartía. Los dos. No querría vérmelas con ellos. Menos todavía con el diablo, no le queda bien el rojo, debería pasarse al amarillo.

¡Hasta aquí! ¡No puedo más! ¿Cómo se puede escribir sobre un personaje que no deja de romper la cuarta pared y de interrumpir! Me marcho y como esto es un papel no puedo dar un portazo pero puedo escribirlo.

El narrador, harto de las constantes interrupciones del protagonista, da un PORTAZO y se levanta del ordenador en el que estaba escribiendo.

—Bah, escritores… Son demasiado sensibles. ¿Acaso me quejo yo? ¡No! En fin, me pregunto que estará haciendo mi amigo Hugh, igual puedo ir a incordiar a su rodaje. Creo que estaba aquí cerca.

Un personaje enloquecedor

Hay personajes que van y vienen. No me refiero a los protagonistas, me refiero más a los secundarios, terciarios y de fondo. Son esos que están ahí y que no suelen contar con grandes historias, pero que de vez en cuando tienen la suerte de pillar un guionista con ganas o logran subir por méritos propios.

En ocasiones, se intenta forzar para que sea así, sucedió con Cyborg de DC Comics, pero debe ser orgánico. Algo muy distinto es cuando esto pasa por derecho propio, como con Hulka que alcanzó la gloria en una muy recordada etapa escrita y dibujada por John Byrne o como sucedió con Masacre o Deadpool, como han preferido dejarlo para la película (por unificar, y dado que este escrito es por el filme, a partir de ahora siempre me referiré a él por Deadpool).

Un personaje bastante anecdótico que poco a poco creció y evolucionó hasta ser el mercenario bocazas favorito de todos y esto solo fue a más cuando en 2016 llegó a los cines su primera película. Lo mejor que se puede decir es que todo el mundo enloqueció, más todavía con la promesa de una secuela que se estrenó solo dos años más tarde y que de nuevo fue un éxito de taquilla.

Un dato curioso:

La película tiene dos versiones alternativas, una extendida llamada *Deadpool 2 Versión Super $@%!#& Grande* y una infantil y navideña titulada *Once Upon a Deadpoo*l (con la aparición de Fred Savage emulando a *La princesa prometida).*

En este caso, además, había viajes en el tiempo y la inclusión del mutante llamado Cable, personaje aparecido también en los años noventa del siglo XX y que gozó en aquel momento de una gran popularidad. El cruce entre ambos era inevitable, también saldaba una vieja deuda de Fox que ya había adelantado que quizá Cable estaría presente en *X-Men: Días del futuro pasado* (película de la que ya se habló en el volumen anterior).

Y, por encima de todo, el humor y la diversión, esa es la clave.

De X-Men orígenes: Lobezno a un éxito comercial

Los orígenes de la película *Deadpool* se remontan a principios de la década de los 2000 de la mano de Artisan Entertaiment (quienes en 1999 acertaron de lleno con el estreno de *El proyecto de la bruja de Blair*) y su anuncio de un acuerdo con Marvel para trabajar con varios de sus personajes, entre los que se encontraba el mercenario bocazas, cuyo proyecto murió antes de empezar por temas empresariales muy largos de contar. En 2004 y bajo el auspicio de New Line Cinema el guionista David S. Goyer y el actor Ryan Reynolds avanzaron en su propio filme del antihéroe, que no llegaría a ver la luz debido a problemas de derechos y licencias, no olvidemos que en aquel momento Fox ya había iniciado su universo mutante.

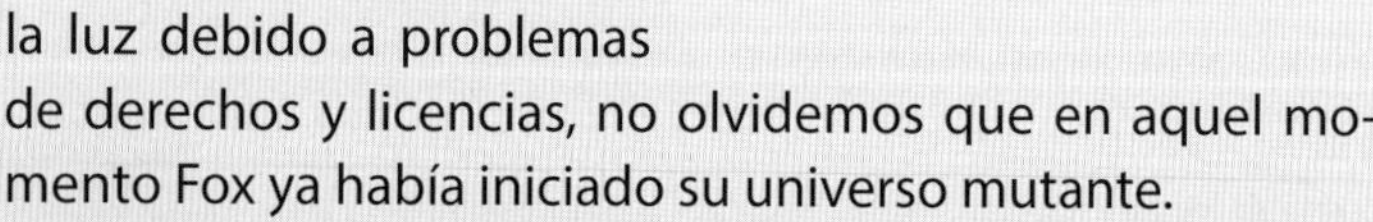

Un dato curioso:

En el año 2004, en una viñeta de un cómic Deadpool describió su aspecto como el de Ryan Reynolds mezclado con sharpei. La elección de casting era obvia.

Y, entonces, en 2009 llegó el momento de ver a Ryan Reynolds, por fin, como este querido y muy esperado personaje. Por desgracia, fue en la decepcionante *X-Men oríge-*

nes: Lobezno, la primera de una serie de películas tituladas *X-Men orígenes* que iba a explorar el pasado de varios mutantes; de hecho, estaba en proyecto una sobre Magneto, cuyo argumento se reusaría en parte para *X-Men: Primera generación* (o no, esto depende de quién cuente la historia). Lo que sucedió fue una debacle en toda regla, el filme no logró convencer ni a público ni a crítica y muchas de las quejas fueron hacia el desempeño del actor.

No es que el intérprete no cumpliera con su trabajo, lo hacía, el problema fue que se alejó mucho de la esencia del cómic (o de lo que el público esperaba ver), haciendo de él un tipo que en vez de gracioso era cargante. Además, el enfrentamiento final entre Lobezno y él, sin nada que recuerde a su traje y la boca cosida (en un intento de hacer humor) hizo que una pesada losa cayera sobre todos.

«Yo estuve allí cuando ellos no lo protegieron en
X-Men Orígenes: Lobezno y no dije nada entonces. Eso duele.»
Ryan Reynolds

Por otro lado, gracias a esto cuando *Deadpool* llegó a los cines en 2016 omitió por completo esta historia y todo lo relacionado con ella, aunque en *Deadpool 2*, con la excusa del viaje en el tiempo se usa para hacer burla, con el propio protagonista terminando con esta versión de sí mismo. También aprovecha para ir hasta la casa del propio Ryan Reynolds y dispararle en la cabeza para que no llegue a protagonizar *Green Lantern (Linterna Verde)*.

La película fue todo un éxito. La mezcla del actor con el guion escrito por Rhett Reese y Paul Wernick (ya habían firmado la divertida *Bienvenidos a Zombieland*) y la dirección del novato Tim Miller funcionó a la perfección, logró lanzar (todavía más) al protagonista a la fama e hizo del personaje uno de los más populares de Marvel Comics, aunque no todavía de Marvel Studios. La más que obligada secuela reventó de nuevo la taquilla, con Reynolds pasando a ser coguionista con los dos anteriores escritores y la marcha de Tim Miller en favor de David Leitch. No se puede decir que la fórmula no funcione a la perfección.

«La que pasa con el universo de Deadpool es que es tan divertido, tan grande, tan creativo que empecé a pensar realmente sobre ello. Sabía que había una forma de dejar mi propia huella creativa y a la vez ser fiel al ADN original que hace que sea tan especial.»

David Leitch

¿Dónde encaja *Deadpool 2*?

En el anterior volumen de *Viajes en el tiempo* se ahondó en las películas de la Patrulla-X y cómo *X-Men: Días del futuro pasado* ligaba a las dos encarnaciones del grupo, pero ciertamente no se puede decir que suceda así con *Deadpool 2* (y tampoco con la primera). Lo mejor que puede hacerse es entender que sucede en su propia realidad sin tener auténticas conexiones con el resto de la franquicia iniciada por Fox en el año 2000.

Sí, es cierto que a lo largo de los dos filmes protagonizados por el mercenario hay guiños y referencias, incluso el cameo de los actores del grupo de la línea temporal de *X-Men: Primera generación*, pero todo está ahí para servir al gag, para hacer reír, para lograr que el espectador se divierta. Es por ello que las incongruencias sean constantes, como por ejemplo el Juggernaut, al que pone voz el propio Ryan Reynolds, no tiene semejanza alguna con el aparecido en *X-Men: La decisión final*, al que interpretó Vinnie Jones; por otro lado, los fallos de continuidad han sido una constante en esta saga cinematográfica.

¿Hace falta conocerse el universo de los X-Men de Fox para disfrutar de *Deadpool 2*? Si hay que ser sinceros no hace ni falta haberse visto *Deadpool*, pero como sucede con las películas de *Star Trek* la experiencia es más enriquecedora si sabes dónde estás y de qué va todo. ¿Que no es así? Te vas a reír igual y eso es lo único que importa.

El personaje en los cómics

Aunque cueste entenderlo desde el punto de vista actual con un personaje tan conocido y establecido, en un origen esto fue bien distinto. Como muestra no hay más que acercarse a la serie de dibujos *X-Men* emitida entre 1992 y 1997, en la que su única aparición fue muda, lo que no deja de ser algo irónico, todo sea dicho.

Su primera introducción en las viñetas fue en el número 98 de *The New Mutants* (*Los Nuevos Mutantes en España*) en 1991, ya en la época en la que Rob Liefeld y Fabian Nicieza estaban dando nueva vida a este equipo de hombres y mujeres X, al poco la colección se rebautizaría como *X-Force* y el resto es historia. Una serie que ejemplifica cómo fueron los años noventa en el cómic de superhéroes, y más en concreto en Marvel, con muchas críticas hacia la falta de talento del dibujante que, sin embargo, se convirtió en uno de los más populares del momento.

> «Introducing the lethal *Deadpool*»
> *Frase de portada de The New Mutants n.º 98*

Nadie podía presagiar qué iba a suceder con Deadpool, llegaron varias series limitadas, apariciones en otros cómics, tener su propia cabecera, su paso de villano a antihéroe y finalmente su establecimiento como un icono dentro de la empresa y su universo. Un icono del que se ha abusado, explotando al personaje hasta la saciedad como ya ha pasado con el Duende Verde o Lobezno, que casi podría decirse que han llegado a tener el don de la ubicuidad.

Hay que decir que, como el guionista Joe Kelly ha explicado, contar con su propia serie abrió las alas al mercenario, pero el motivo real es que nadie confiaba en la colección. Es más, el escritor ha comentado en ocasiones que todo el mundo en Marvel Comics pensaba que se iba a cancelar, así que tenía vía libre para hacer lo que quisiera, ya que a nadie le importaba, incluso romper la cuarta pared si le apetecía. No obstante, la conformación final de Deadpool según lo entendemos llegaría con su sustituto, Christopher Priest, quien terminó de pulirlo y convertirlo en lo que es hoy, sin dejar de mentar a Gail Simone, cuyo trabajo terminó de establecerlo por completo.

Deadpool vs. Deathstroke

La idea del personaje nació en la mente de Rob Liefeld con Spiderman y Lobezno como referentes, sus dos héroes predilectos, pero no lograba que Marvel le permitiera hacer algo con ellos. Por este motivo, llegó a fundirlos en uno solo: Deadpool tiene ese traje y una superagilidad que recuerdan al arácnido y es un luchador temible que se

autoregenera como el mutante de las garras (ambos sufrieron como víctimas del proyecto Arma-X, es largo de contar).

«Lobezno y Spiderman eran los dos personajes por los que pugnaba en todo momento.
No los tenía, no tenía acceso a ellos, así que tuve que hacer
mi propio Spiderman y mi propio Lobezno.
Eso es lo que Deadpool y Cable estaban destinados a ser,
mi propia versión de Lobezno y Spiderman.»
Rob Liefeld

Aunque a nadie se le escapa que otro tanto tiene de Ojos de Serpiente, el legendario G. I. Joe que es adorado por legiones de fans. Lo cierto es que Liefeld, en varias ocasiones, ha comentado que él jugaba con los originales, los de 30 centímetros (que en España conocimos como Geyperman) y más en concreto los que tenían acciones especiales como el *Kung Fu Grip*, algo hecho para actualizar la franquicia aprovechando el auge de las películas de artes marciales en su momento.

Sin lugar a dudas, la mayor inspiración es Deathstroke, villano de DC habitual de los Jóvenes Titanes. Quizá podría hablarse de plagio, ya que cuando Rob Liefeld presentó a Fabian Nicieza su idea de este mercenario con su uniforme diseñado el otro no dudó en decirle que era Deathstroke; y lo era, no puede negarse. Los parecidos no eran solo superficiales así que el guionista agarró el toro por los cuernos y decidió que se llamaría Wade Wilson, emulando al nombre real del original, que es Slade Wilson.

Años más tarde la propia DC se rió de todo ello al crear al personaje llamado Red Tool, un vigilante cuyo uniforme y maneras recuerdan totalmente a las de Deadpool. La pulla, es lo que es, fue obra de los talentos simpar del matrimonio Amanda Conner y Jimmy Palmiotti y vio la luz en el 2014 en el número 3 de *Harley Quinn*.

¿Pero quién demonios es Cable?

Cable hizo su primera aparición en 1990, en el número 87 *The New Mutants*. Técnicamente en el 86 pero tan solo como un anuncio de su entrada en el siguiente y buscaba ser un cambio radical respecto a Charles Xavier. Si tenemos a un pacifista lo lógico es que fuera lo opuesto, un hombre de acción, un soldado que está dispuesto a todo y del que apenas se sabe nada.

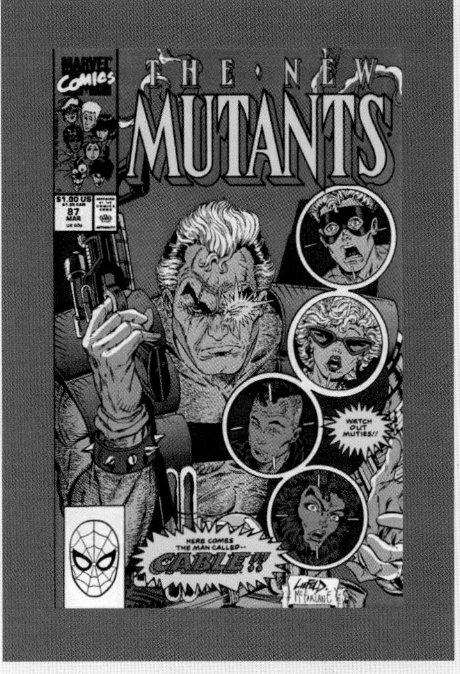

No es que esto fuese pensado para hacerle más interesante, es que más allá de su aspecto y el hecho de ser un viajero del tiempo ni Louise Simonson (guionista), ni Rob Liefeld (dibujante) tenían nada más pensado para él. Liefeld fue el encargado de darle su apariencia visual sin tener realmente más guía que la idea de Simonson de que fuera un líder militar y él eligió el aspecto fiero con su brazo mecánico, cicatrices, el ojo brillante (aunque según fuentes fue una idea de Bob Harras) y el nombre. ¿El motivo de todo ello? Ninguno en concreto, excepto que molaba.

Quizá esto suene hoy terrible y casi absurdo, pero no hay que olvidar que la década de 1990 supuso un cambio de rumbo en el cómic americano de superhéroes (algo que empezó a forjarse en los ochenta). No diré si fue algo bueno o malo pero sí que es algo a tener en cuenta a la hora de entender a Cable. Hablamos de unos años en los que nacieron el Superman Cyborg, la Araña Escarlata o Spawn, que quizá sea el mejor exponente de ese nuevo rumbo con sus cadenas, su capa interminable y un Todd McFarlane desatado. Así que un tipo grandote, bravucón y lleno de armas tan solo era uno más de los que poblarían esa época en las viñetas norteamericanas.

Un dato curioso:

La guionista Louise Simonson propuso cambiar el nombre de Cable por el de Comandante-X.

Para liar más la madeja de su historia personal, posteriormente se explicó que Cable no era otro que el hijo de Cíclope (con una clon de Jean Grey, de nuevo, es largo de explicar) que tras ser infectado por un virus tecnorgánico es llevado al futuro para lograr vivir, quizá hasta sanarse. Un viaje en principio sin retorno que no fue tal, aunque esto no se narraría hasta mucho después.

La aparición de Cable en la secuela fílmica fue algo confirmado en la primera película en la escena postcréditos, en la que aparecía Deadpool con su uniforme pero llevando un albornoz. Confesaba que realmente no tenían mucho para la siguiente parte, aunque adelantó, e incluso lanzaba, nombres como los de Mel Gibson o Keira Knigthley.

La elección del intérprete no fue algo sencillo. Entre los diferentes candidatos estaban Kyle Chandler, David Harbour, Michael Shannon e incluso se llegó a rumorear que Pierce Brosnan estaba en negociaciones, eso sin olvidarnos de Brad Pitt, que aunque no pudo dar vida al mutante sí llegó a estar en la película. El ganador, y

contendiente sorpresa, fue Josh Brolin, actor que también daba vida a Thanos en el universo de Marvel Studios y que siempre ha gozado de un buen talento interpretativo (no en vano es hijo de James Brolin).

«*Deadpool 2* fue dura. Aunque fue divertido fue dura,
era más como una transacción comercial.
Algo tipo "Necesitamos que esto se haga de esta manera";
no me sentí así en Vengadores: Endgame.»
Josh Brolin

¿Dónde está Brad Pitt?

Hace unas líneas he comentado que Brad Pitt fue uno de los candidatos para ser Cable, y por lo visto estaba bastante emocionado, pero por cuestiones de agenda no pudo ser. Con todo, sí se logró hacer que estuviera presente en *Deadpool 2*, aunque muy seguramente muchos no se hayan dado cuenta.

Cuando el protagonista recluta un grupo de mutantes para correr su aventura entre estos está uno llamado El Desvanecedor, uno de los villanos más clásicos de los X-Men. Fue el enemigo del número 2 de la colección original publicado en 1963, que en el filme cuenta con el rostro de Brad Pitt pero que tan solo es apreciable de forma muy fugaz cuando este se electrocuta.

Hay otros dos cameos que pasan muy desapercibidos, en este caso por el maquillaje. Y es que Matt Damon y Alan Tudyk también aparecen en la película como los dos *rednecks* que se encuentran con Cable y a los que este roba la furgoneta. Es imposible no pensar en el Terminator llevándose una moto (de hecho, en un momento del filme Deadpool llama a Cable John Connor, en clara referencia al líder de la guerra contra Skynet).

Y Dominó

No se puede hablar de Cable y no mentar a Dominó, que, si bien nunca ha tenido tanta fama y relevancia como su compañero, ha sido una constante presencia de fondo en sus historias y su mito. Se la introdujo por primera vez en 1992 en *X-Force* n.º 8 como una mutante a las órdenes de Cable, con varias habilidades entre las que destaca el poder de alterar las probabilidades a su favor o como explican en la película de forma más sucinta y sencilla: se puede decir que su poder es tener buena suerte.

Esto que es tomado a broma por Deadpool se muestra como algo de mucha ayuda en una de las escenas más espectaculares de la película, ya que mientras el resto de la recién formada X-Force se lanza desde un helicóptero y va muriendo de formas horribles, en su caso no ocurre. Lo que parecía un don complicado de mostrar en cine se convierte en uno de los mejores momentos del filme. Ayuda a esto la gran presencia en pantalla que sabe tener Zazie Beetz.

En dibujos animados

Cable gozó rápidamente de una gran popularidad y esto conllevó a que, casi de forma obligatoria, debía aparecer en la serie de dibujos *X-Men*. Lo hizo, como era esperable, a través del tema de los viajes temporales, al igual que Bishop (otro personaje noventero), apareciendo en un total de cinco episodios (incluyendo uno doble). Contó con la voz de Lawrence Byrne y su personalidad e historia eran básicamente las mismas que en el cómic, solo que pasadas por el filtro de la producción animada.

Lógicamente, su fama fue aprovechada por Toy Biz para lanzar una figura de acción del personaje, o más bien varias de ellas a lo largo del tiempo. Fue uno de los héroes, o antihéroes, que más versiones tuvo dentro de la colección, contando con un total de seis muñecos y dos variantes, lo que debería dejar clara la buena aceptación que tenía entre los lectores de cómics, el público televisivo y los coleccionistas de figuras de acción.

Marvel (Studios y Comics) a través del tiempo

Marvel Comics ha sido una empresa que ha recurrido a los periplos cronales un buen número de ocasiones ya sea con Cable, el Doctor Muerte, los propios X-Men… La verdad es que en un simple repaso de cabeza hace que salga una lista bien amplia. Lógicamente, aquí se darán solo unas pinceladas y se mentarán cuatro títulos, dos de Marvel Comics y dos de Marvel Studios.

Vengadores: Endgame

Para muchos esta es la gran y mejor película de Marvel Studios. Si bien mi opinión es bastante distinta en este punto, sí debe reconocerse que fue un gran éxito de taquilla que sirvió de cierre a la epopeya que la empresa había orquestado desde 2008. Con matices, en realidad el proceso estuvo lleno de improvisaciones y pasos atrás, pero no puede negarse que con sus filmes lograron que los superhéroes estuvieran de moda, que se convirtieran en un ocio multimillonario y que el público que no leía cómics pasase a conocer a Iron Man, la Bruja Escarlata y otros tantos.

Este título sigue los hechos acontecidos en *Vengadores: Infinity War* pero mezcla todo con un viaje en el tiempo, lo que sirve para revisitar algunos de los momentos favoritos de los fans y por el camino arreglar algunos huecos argumentales (e incoherencias), que son inevitables cuando hablamos de una saga conformada por dos decenas de películas, varios directores y otros tantos guionistas a lo largo de una década. Supuso, además, la despedida de algunos actores de sus personajes, como el caso de Robert Downey Jr. y Chris Evans, al menos, por el momento (citaré a *Los Simpson* cuando Duffman dice «¡Duffman no puede morir, solo los actores que lo interpretan!»).

Loki

Esto a veces sucede: un villano se gana tanto el favor del público que hay que hacer de él un héroe. En el caso del Loki de Marvel Studios pasó y, aunque se le había

redimido en el canon de las películas, se aprovechó la excusa de un doble temporal para hacer de él todo un héroe, alguien arrepentido por sus actos que intentaba encontrar un nuevo rumbo. Este nuevo rumbo está además lleno de otras versiones de sí mismo y todo ello explicado gracias a los viajes en el tiempo, excusa argumental perfecta para abrir la puerta a películas como *Doctor Strange en el multiverso de la locura* y permitir hacer todo lo que se quiera sin dar demasiadas explicaciones.

La serie también adelantaba la llegada de Kang, bebía mucho de la mitología de este conquistador espacial y de su contrapartida futura Immortus. Si bien con conocimientos previos del cómic se disfruta más, no es del todo necesario tenerlos; uno se lo pasa bien aunque parta casi de cero. Personalmente, considero que el mejor acierto fue el de recuperar a Loki con su aspecto tradicional de los tebeos y hacerlo con Richard E. Grant para ello, un actor veterano que es todo un camaleón y que dejó algunas de las mejores escenas de toda la producción.

Un dato curioso:

En *Loki* hace su aparición, breve y fugaz, el navío *USS Eldridge*. Lo hace en el limbo, dando así una explicación al mito del llamado Experimento Filadelfia.

Siempre Vengadores

Hablar de viajes en el tiempo en Marvel Comics es hablar de Kang, un villano clásico de los Vengadores (su gran villano, en realidad) con el que siempre es mejor no cruzarse. En *Siempre Vengadores* el lector se encuentra con un grupo de miembros del equipo venidos de diferentes épocas (pasado, presente y futuro) que deben emprender una misión que les hará viajar a distintos tiempos...

Una obra imprescindible creada por un Kurt Busiek y un Carlos Pacheco tocados por la mano de Dios, conformando entre los dos un dúo fantástico que da una de las mejores historias jamás hechas en la editorial. Sirve, además, para poner orden a las caóticas cronologías de Kang e Immortus en dos números dedicados a tal fin, en el que con un encaje de bolillos se logra que todo tenga sentido. Como lectura previa os recomiendo el arco *Dinastía Kang* y la miniserie *Vengadores: Terminatrix*.

Viaje a Camelot

Un clásico en estado puro. Iron Man y el Doctor Muerte (¿quién mejor?) se ven trasportados hasta el pasado, hasta el legendario reino de Camelot gobernado por el rey Arturo. Lógicamente, no podía ser de otra forma: Muerte entablará una alianza con la bruja Morgana le Fay que será tan solo el principio de una relación de deseo, amistad y quizá amor que se extenderá por años. Claro que todo termina bien o, al menos, con el regreso de los personajes a casa, pero no por ello el periplo es menos disfrutable.

Una historia publicada en 1981 que sucedió en tan solo dos números, *The Invincible Iron Man* nsº 150 y 151, firmados por David Michelinie, John Romita Jr. y Bob Layton, que por derecho propio se ha convertido en una de las aventuras más recordadas tanto de Iron Man como del Doctor Muerte. Posteriormente, en 1986, ambos autores hicieron una continuación en la que, de nuevo, los personajes se reúnen para viajar al Camelot del futuro, un encuentro que sucedió en *The Invincible Iron Man* nsº249 y 250, pero cuyo resultado palidece frente al original.

El proyecto Adam, el otro viaje en el tiempo de Ryan Reynolds

Estrenada en el año 2022 esta película transporta al espectador al año 2050, cuando un piloto llamado Adam Reed roba un jet temporal para viajar al 2018 y salvar a su mujer, pero se pasa y llega al 2022, encontrándose consigo mismo de niño. Esto dará lugar a varias situaciones estrambóticas, más jaleo temporal y, por supuesto, el esperado final feliz que es habitual en este tipo de comedias sencillas.

Es un producto familiar que no se complica demasiado, se puede ver una cierta influencia, nada disimulada, de clásicos de la década de 1980 como *Regreso al futuro* o *El vuelo del navegante*; tan solo pretende entretener un rato sin pedir nada a cambio. Por el camino, además de contar con Ryan Reynolds, están también las actuaciones de Mark Ruffalo, Jennifer Garner y Zoe Saldaña, quienes en el pasado han encarnado a personajes Marvel en el cine (Hulk, Elektra y Gamora de forma respectiva). Además de Catherine Keene, que siempre es un acierto en cualquier papel que haga.

El proyecto fue anunciado en 2012 por *Entertainment Weekly,* la revista afirmó que Paramount y Skydance habían adquirido el guion de un filme titulado *Our Name is Adam* escrito por T. S. Nowlin, que contaría con el protagonismo de Tom Cruise. Todo quedó en el limbo hasta el año 2020 cuando la idea resucitó a través de Netflix, con la dirección de Shawn Levy y un guion firmado por Jonathan Tropper, Jennifer Flackett y Mark Levin, basado en los borradores e ideas previas de T. S. Nowlin.

¿Qué es el tiempo relativo?

Los filmes sobre situaciones temporales son muy eclécticos y diversos, no necesariamente deben tener un viaje en el tiempo, en ocasiones se llega a prescindir del mismo para jugar con otras variantes. Por ejemplo, en el caso de *Minority Report*, basado en el relato de mismo nombre (*El informe de la minoría* en nuestro idioma) de P. K. Dick lo que tenemos son visiones sobre el futuro que está por suceder, o por un posible futuro sería más exacto; o en la aplaudida *Interstellar*, donde el tema a tratar es el tiempo relativo.

Esto no es algo precisamente nuevo y si uno repasa la historia de la ciencia ficción verá que hay un gran número de casos, como la película *Los viajeros en el tiempo*, que cierra este volumen. No es la única, hay muchos más títulos que experimentan con ello, con esa situación en que el tiempo de uno difiere del de los demás. Algo que por otro lado vivimos muy a menudo, ¿o no es cierto que cuando uno está en una aburrida conferencia los minutos se estiran hasta el infinito pero cuando estamos con nuestros amigos vuelan en un instante?

En este caso hablamos de la percepción del mismo pero es una forma muy sencilla de poder entender a qué nos estamos refiriendo. En ocasiones las horas no parecen pasar y en otras desaparecen como granos de arena entre las palmas de la mano. Según explicó Albert Einstein a principios del siglo XX sucede que el tiempo no es absoluto y no puede estar separado de las tres dimensiones espaciales; al igual que estas, depende del estado de movimiento del observador. Algo que puede entenderse mejor recalando un momento en la denominada paradoja de los gemelos.

Tenemos a dos gemelos y uno de ellos viaja en una nave espacial a velocidades cercanas a la velocidad de la luz mientras que el otro se queda en la Tierra, al final del viaje este último habrá envejecido más que el astronauta. Pero esto es desde el punto de vista, y el reloj interno, del que se queda; si pensamos en el que va dentro de la nave, el que se aleja es su hermano, lo que hace que entonces sea él quien permanezca joven mientras en el espacio el otro va envejeciendo. Esa es la auténtica paradoja, no quién envejece más o menos, sino que según el razonamiento de cada uno de ellos es el otro el que debe ganar años.

«Cuando cortejas a una bella muchacha una hora parece un segundo, pero cuando te sientas sobre carbón al rojo vivo un segundo parecerá una hora. Eso es la relatividad.»

Albert Einstein

Claro que el debate sobre este hecho siempre suscita preguntas, algo que viene ya desde la antigua Grecia. Si nos atenemos a lo postulado por Newton en su *Principios matemáticos de la Filosofía Natural* el espacio y el tiempo existen y son absolutos más allá de la percepción que podamos tener de los mismos. Aunque no pensaba así Emmanuel Kant, que los consideraba puro producto de la experiencia pero necesarios para entender el mundo. ¿Quién tiene razón? Complicado decirlo, al menos para mí, dado que tan solo soy un escritor con tupé (y perilla, lo que según las reglas de la ficción me convierte en el doppelgänger).

Sea de la forma que sea el viaje en el tiempo es, hoy por hoy y que sepamos, imposible, al igual que lo es movernos a una velocidad distinta a la de nuestros congéneres. Por suerte, la ficción, ya sea en películas, novelas, cómics o videojuegos nos brinda la oportunidad de hacerlo, de soñar con lo imposible, de ir más allá de la última frontera que es la imaginación. Y ahí, cuando estamos sumergidos en un libro que nos encanta, es el momento en el que las horas se desdibujan y el pasar del reloj se paraliza.

UN VIAJE AL FUTURO

«Procuremos más ser padres
de nuestro porvenir
que hijos de nuestro pasado.»

Miguel de Unamuno

Perdidos en el espacio

Trayendo (casi) de vuelta el clásico

Me llamo Will Robinson y grabo este audiomensaje por si sale mal, por si el futuro no se convierte en el pasado, por si no logro impedir lo que sucedió. Por si no vuelvo, por si desaparezco, por si muero.

No tengo claro quién podrá oír mis palabras o siquiera si podrá entenderlas. Quizá has encendido este aparato y estás delante sorprendido sin saber qué pasa en realidad. No importa, al menos a mí no. No voy a saberlo, igual ni siquiera existo. Puede que nunca haya existido. Es todo muy complicado.

Mi familia y yo salimos de la Tierra, la Tierra es nuestro planeta, en busca de un nuevo hogar. No solo para nosotros, para todos, para todos los que quedaban. No íbamos solos, con nosotros viajaba un militar, un tipo grandote y bonachón y un científico, un hombre esquivo en el que mi familia parecía no confiar. Nunca supe bien el porqué.

Cuando todos murieron, mi familia quiero decir, él me cuidó y me protegió. No hace falta que os cuente cómo murieron todos, ya no, voy a impedirlo, no habrá pasado nunca. He tardado muchos años pero ya lo tengo, he logrado construir algo que me permitirá volver y hacer que todos vivan. Supongo que podría decir que es una máquina del tiempo, pero eso sería una forma muy sencilla de definir algo complejo.

Solo me quedan unos ajustes finales, varias comprobaciones y parámetros que debo calcular. Iré solo, no quiero arriesgarme. Sí, el doctor me ha cuidado y criado, pero su cuerpo ha cambiado. Ha mutado en algo que es inhumano, no sé cómo habrá afectado a su mente. De cualquier modo, no podía ajustar la máquina a su cuerpo cambiante, tenía que basarme en la fisiología humana básica y él ya no lo es. No soy tan inteligente, eso no he podido hacerlo.

Papá, mamá, Judy, Penny… nos vemos pronto.

Lo que pudo ser y no fue

Perdidos en el espacio fue una de esas series que lo cambió todo y se convirtió en un icono, al punto de que ha tenido diferentes *revivals* que nunca han terminado de lograr el impacto del clásico. En 1998 llegó su revisión en una película cinematográfica, algo bastante común en aquel momento, ya que otras tantas cabeceras del pasado dieron un salto a la gran pantalla en un intento de buscar nuevos públicos, se cambió y transformó para hacerlo todo más adecuado al momento y crear un nuevo fandom. O eso se pretendía.

No se logró. No hay otra forma de decirlo. Sencillamente no se supo traspasar el sabor original de la que la dotó su creador, Irwin Allen, a los gustos más actuales, entendido esto como ese intento tan de los noventa de hacer que todo fuera guay y moderno, además de que siempre se pretendía que fuera más potente que el clásico, en ocasiones sin entender bien qué hizo que funcionara en su momento, lo que provocó que

fracasara en su empeño. Curiosamente tuvo una buena taquilla inicial y debe reconocerse que el producto resultante es entretenido, una película de aventuras y ciencia ficción que se disfruta si uno no se para mucho a pensar en las evidentes carencias que tiene. Lo cierto es que la familia Robinson merecía algo mejor, más colorista, más atrevido, más entrañable… pero eran los noventa y eso es lo que había.

Por otro lado, a esa década se le puede agradecer el intento de resucitar varias series míticas de los sesenta en el cine, ya que además de *Perdidos en el espacio* llegaron a los cines *Los vengadores* o *El Santo*, aunque ninguna de ellas pudo dar nueva vida a sus personajes protagonistas. El caso de *Los vengadores* es directamente olvidable y terrible, al menos *El Santo* es un filme de espías bastante divertido, y *Perdidos en el espacio* tiene sus momentos.

> «*Perdidos en el espacio* es un tonto videojuego de acción que se basa en la vieja (dudo si decir "clásica") serie de televisión. Tiene efectos especiales cursis, un aspecto visual turbio y personajes que dicen obviedades de maneras obvias.»
>
> *Roger Ebert*

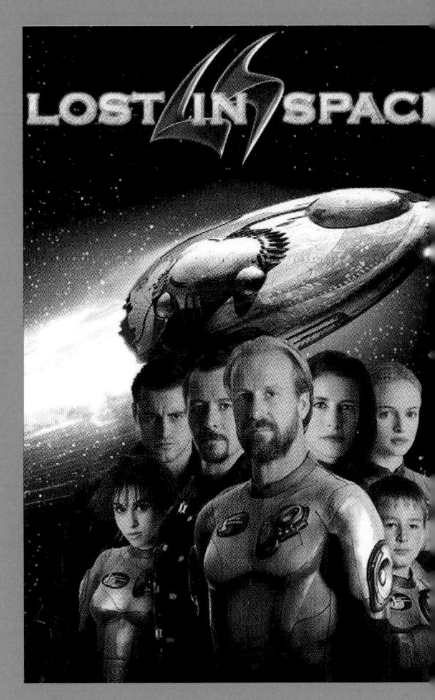

Un poco de historia

Hay que retroceder hasta 1994, cuatro años antes del estreno del filme, para llegar hasta el anuncio que Prelude Pictures hizo referente a su adquisición de los derechos de la serie *Perdidos en el espacio*. En el proceso, y ante posibles problemas legales, acordaron con el escritor Ib Melchior que este recibiría varios miles de dólares si llegaba a producirse realmente una película, además de tener una tarifa propia como asesor al que debían contratar, al menos, por diez semanas más un 2 % de los ingresos brutos. Es decir, tuviera éxito o no él iba a cobrar lo suyo.

Prelude Pictures trabó relación con New Line Cinema para lograr sacar adelante esta nueva versión de la familia Robinson, con un acuerdo comercial mucho menos satisfactorio del que había logrado Melchior, ya que ellos solo recibirían dinero en caso de haber beneficios. A finales de 1996 el proyecto empezó a vivir de verdad y en 1997 comenzó el rodaje. El presupuesto fue bastante elevado en su momento, un total de 80 millones de dólares, y la convirtió en la película más cara realizada por New Line Cinema.

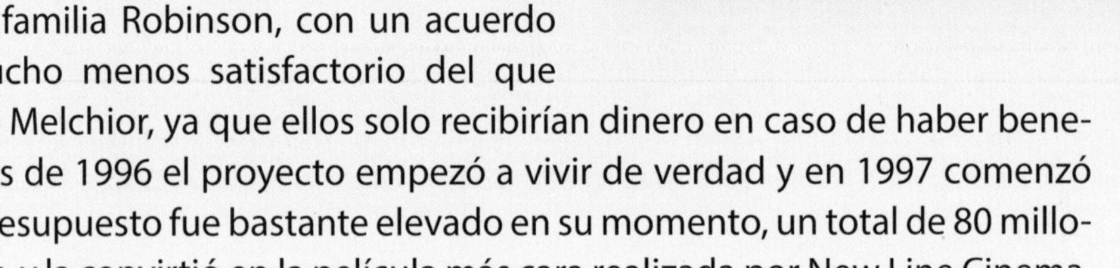

¿Y por qué la productora de *Pesadilla en Elm Street* y *El abrazo del vampiro* quiso meterse en semejante fregado y destinar tanto dinero al mismo? Un fregado que requirió de 120 días de rodaje en interiores, con diferentes platós, animatrónicos y efectos especiales de vanguardia en aquel entonces. Muy sencillo: estaban seguros de que atraería al público clásico y a otro nuevo, convirtiéndose, así, en una franquicia a explotar en secuelas, una posible nueva serie y un montón de merchandising que podrían licenciar.

Es cierto que hubo material bastante diverso, desde una línea de figuras de acción a Happy Meals con McDonald´s, e incluso su propia máquina de pinball. A pesar de ello, no puede decirse que lograse ser ese gran éxito que ansiaba la productora. Con su estreno comenzaron a llegar las críticas y no fueron precisamente amables, lo que sumado a que no se consiguió cubrir el presupuesto destinado, abortó todo posible futuro de contar con una gran y lucrativa franquicia propia de la ciencia ficción.

Un dato curioso:

La colección de figuras de a fue lanzada por Trendma Toys, misma empresa que es también comercializó una basada en el filme *Godzilla*.

«Un rodaje de 120 días, jornada tras jornada sin salir jamás, se vuelve un poco espeluznante y extrañamente desmoralizador. El calor, la luz, el equipo… nada natural. Hay algo inspirador en rodar al aire libre.»
Stephen Hopkins

La ironía de Ib Melchior

El nombre de Ib Melchior aparecerá dentro de unas páginas en este mismo libro, ya que es el guionista detrás de *Los viajeros en el tiempo*, pero hay que parar un momento para entender la cierta ironía de que él sí llegase a cobrar, y bien, de la producción y estreno de *Perdidos en el espacio*. Su relación con la serie comienza en 1964, justo antes de que los Robinson llegaran al espacio, y el motivo fue la película *Robinson Crusoe de Marte*, que firmaban él y John C. Higgins, basada de forma directa en el relato clásico de Daniel Defoe (es decir, en *Robinson Crusoe*) y que, por consiguiente, tenía lazos con *La familia Robinson suiza* y lo que sería *Perdidos en el espacio*. No en vano, al final, todos estos productos bebían de la misma fuente. Para liar más la madeja ese mismo año también trabajó en el tratamiento de una historia que se titulaba *Space Family Robinson* (o *Swiss Family Robinson in Space*, según la fuente) y que fue, según sus palabras, ofrecido a la CBS.

Nunca llegó a rodarse pero poco más tarde fue la propia CBS la que emitió la serie de Irwin Allen, al que Melchior acusó de basarse en sus ideas, aunque nunca pudo probarse de forma legal. No obstante, no fue al único, también señaló a Gene Roddenberry por hacer lo mismo con *Star Trek* y otro de sus guiones nunca realizados. Y algo parecido se dio con el cómic *Space Family Robinson*, de la editorial Gold Key, que comenzó a publicarse en 1962 y que compartía varias similitudes con la futura serie catódica. En este caso todo se saldó con un acuerdo entre las partes, pasando a titularse *Space Family Robinson: Lost in Space* (un trato satisfactorio para ambas partes, debido a que Gold Key publicaba cómics basados en otras creaciones de Irwin Allen).

«Todos coincidieron en que estaba claro que Allen me había robado la idea…
y todos me aconsejaron que lo dejara ir.
Todavía era relativamente nuevo en Hollywood
y me dijeron que si hacía ruido nunca trabajaría en la ciudad.»
Ib Melchior

Un extraño reparto coral

Hay que decir que en muchos puntos las elecciones de *Perdidos en el espacio* son cuanto menos cuestionables, a veces cuesta verles el sentido y en otros momentos son directamente raras, como es el caso del reparto que conforma el grupo protagonista. Si damos un repaso encontramos nombres veteranos y muy reputados ya en su momento como Gary Oldman, Mimi Rogers o William Hurt, junto con otros de más nueva hornada pero exitosos en el estreno como Matt LeBlanc o Heather Graham y todos ellos sin ninguna química aparente.

Es una tremenda lástima pero cualquiera que lo vea, y eso que personalmente siempre he disfrutado de él, se dará cuenta de que los actores no funcionan. Están ahí dando la impresión de no saber por qué lo hacen, la familia funciona más como un grupo de asociados y no se salva ni la relación del joven Will Robinson con el avieso doctor Smith. La selección interpretativa más bien parece hecha por un equipo de marketing que por alguien interesado en la calidad de la película. Aquí puede servir perfectamente eso de «no tengo pruebas pero tampoco dudas».

Los veteranos

Lo lógico es empezar a hablar de los veteranos, por William Hurt, ya que encarna al líder de la misión. Un actor que empezó su carrera de forma bastante discreta en 1977 y que murió con las botas puestas en el año 2022 para tristeza de los muchos que éramos sus admiradores. En su trayectoria se ha movido siempre sin problema entre la televisión (allí empezó) y el cine, con papeles destacados en la imprescindible *Dark City*, *A. I. Inteligencia artificial* y en el universo de Marvel Studios, al haber interpretado al general Ross en varias películas entre el 2008 (en *El increíble Hulk*) y 2021 (*Viuda Negra*).

«La batalla entre la tecnología y la unidad familiar, entre la inteligencia artificial y la inteligencia natural, la noción de amoralidad representada por el personaje del doctor Smith...
Estas son las cosas que nos intrigan a todos.»
William Hurt

Mimi Rogers es uno de esos rostros que siempre alegra un filme, su simple presencia hace que merezca la pena ver cualquier producción. He de decir que no la descubrí hasta su participación en *Austin Powers: Misterioso agente internacional* como la señora Kensington, un émulo total de la Emma Peel de Diana Rigg (incluso luce un ajustado emmapeeler). Por suerte, mi padre sí sabía quién era y por sus palabras supe que debía ver más de ella. Algo sencillo de hacer ya que sus primeros trabajos se dan en 1981 y desde ese momento ha ido y venido entre el cine y la pequeña pantalla sin hacer diferencias, al igual que William Hurt, participando en *Magnum, P.I.*, *El juego de Hollywood* (haciendo de sí misma), *Dos tontos muy tontos: Cuando Harry encontró a Lloyd* o la muy popular serie *Dos hombres y medio*, entre otras tantas películas y series.

¿Y hace falta decir algo de Gary Oldman? El actor inglés ha gozado casi desde sus comienzos de muy buena acogida, del respeto de la crítica y el amor del público. Entre sus muchos y destacados papeles se pueden mentar el de Lee Harvey Oswald en JFK: Caso abierto, un inolvidable Drácula en Drácula de Bram Stoker y un aplaudido Sirius Black en la saga Harry Potter; además de otros menos conocidos pero igualmente estupendos en películas como Interstate 60: Episodios de carretera, filme de culto que os recomiendo a todos (en el mismo se dan cita, entre otros, James Marsden, Michael J. Fox y Christopher Lloyd, con dirección y guion de Bob Gale).

La nueva hornada

Para lograr la atención del público más joven, el tono de la cinta pretendía ser juvenil (con toques de oscuridad y en ocasiones girando a lo infantil), se contó con la participación de Heather Graham y Matt LeBlanc. Ambos eran dos rostros muy reconocibles y en alza en aquel entonces, contaban con el añadido de ser considerados por el público general como guapos, atractivos y simpáticos, algo que abre las puertas (o ciertas puertas, más bien).

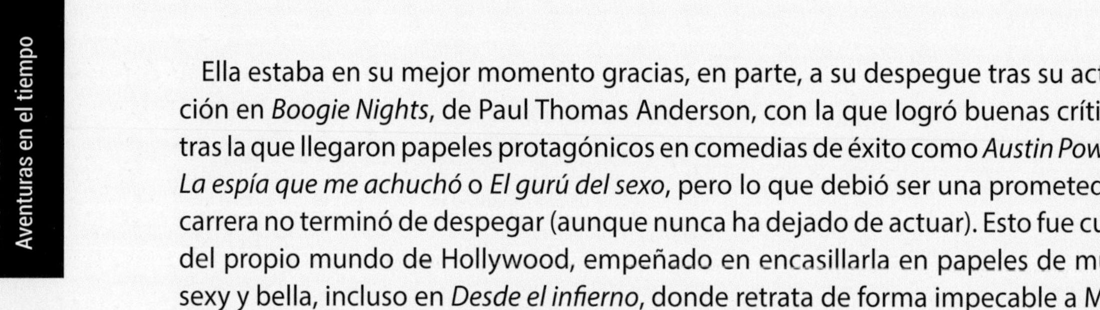

Ella estaba en su mejor momento gracias, en parte, a su despegue tras su actuación en *Boogie Nights*, de Paul Thomas Anderson, con la que logró buenas críticas, tras la que llegaron papeles protagónicos en comedias de éxito como *Austin Powers: La espía que me achuchó* o *El gurú del sexo*, pero lo que debió ser una prometedora carrera no terminó de despegar (aunque nunca ha dejado de actuar). Esto fue culpa del propio mundo de Hollywood, empeñado en encasillarla en papeles de mujer sexy y bella, incluso en *Desde el infierno*, donde retrata de forma impecable a Mary Jane Kelly (quinta y última víctima canónica de Jack el Destripador), en vez de potenciar sus dotes y estupenda vis cómica. Ah, y la genial, divertida y mentalmente despistada Molly Clock en la gloriosa serie *Scrubs*.

En lo que se refiere a Matt LeBlanc hay que decir que fue uno de los rostros más conocidos y queridos de finales del siglo XX y todo hay que agradecérselo a *Friends*. La gran sitcom de esa década que catapultó a la fama a seis actores desconocidos, les hizo enriquecerse a niveles millonarios y, desafortunadamente, también provocó que ninguno de ellos pudiera separarse de las cadenas de su personaje y la producción. Su carrera ha sido bastante errática pero el tiempo pasa, por suerte, y hace que uno pueda dejar atrás el pasado, algo que logró gracias a *Episodes*, en la que interpreta una versión exagerada de él mismo, y a *Man with a Plan*.

El reparto lo completaron Jack Johnson como el niño Will Robinson (que pasa con rapidez de lo adorable a lo repelente) y Lacey Chabert como la adolescente Penny Robinson, los dos personajes más olvidados de este refrito y claramente los menos trabajados. A pesar de ello, ambos tienen sus momentos; en el caso del pequeño es el responsable de crear el artefacto temporal que abre agujeros/puertas en el tiempo y la adolescente graba y lleva un videodiario personal, que ya adelantaba el éxito que iban a tener plataformas como Youtube y Tik Tok en el futuro. Se suma a ellos Jared Harris como el Will Robinson adulto, aunque lo haga de forma bastante breve.

Los clásicos

Al hablar de una película que es un refrito de un producto anterior es evidente que tiene que haber participación de los actores clásicos, aunque no fueron demasiados y no pasaron de ser un breve cameo en la mayoría de los casos. Mark Goddard, June Lockhart, Angela Cartwright y Marta Kristeny hacen aparición en pequeños papeles, además de Dick Tufeld, quien fue la voz del robot en la serie original y repite aquí con el mismo papel (ese mismo año también le puso voz en el episodio «Mayored to the Mob» de *Los Simpson*).

¿Y cómo se explica la ausencia de Jonathan Harris y Bill Mummy, el doctor Smith y Will Robinson? Los dos rostros más reconocibles del programa no están por ningún sitio, por decisión de ellos mismos. Según explicó Harris años más tarde el papel que le ofrecieron era tan solo de seis líneas, algo que rechazó inmediatamente. Parecido fue el caso de Mummy, el mayor activista desde siempre en resucitar la franquicia, que propuso interpretar a la versión adulta de Will Robinson, una idea que los productores rechazaron, considerando que podría ser confuso para el público (personalmente no lo creo y habría sido un buen punto a favor) ante lo que prefirió mantenerse al margen.

«O interpreto a Smith o no actúo.
¡Nunca en mi vida he hecho papeles pequeños y no voy a empezar ahora!»
Jonathan Harris

Hopkins y Goldsman, fantasía para todos

Por lo general, cuando se rueda un proyecto este termina llegando a las pantallas, ya sea la grande o la pequeña, o ambas a la vez (¡qué tiempos más locos vivimos!). Se necesita una gran labor de equipo para lograrlo y de todos ellos los que más suelen destacar son el director y el guionista, además de los intérpretes y la estrella de turno. En este caso los responsables fueron Stephen Hopkins como director y Akiva Goldsman como guionista, dos profesionales que ya contaban con años de experiencia en 1998 y con varios éxitos a sus espaldas.

Stephen Hopkins

No se puede decir, ni de lejos, que Stephen Hopkins sea un realizador de reconocido prestigio o muy querido por el público. Es más, creo que puede afirmarse sin duda alguna que, por lo general, es bastante desconocido, aunque curiosamente su mano ha estado implicada en algunos títulos muy vistos tanto del cine como de la televisión.

En el cine su primera cinta como director fue *Juego peligroso*, estrenada en 1988, tras la que llegan sus dos títulos más populares, principalmente por ser parte de dos franquicias; me refiero a *Pesadilla en Elm Street 5: El niño de los sueños* y *Depredador 2*. Nunca ha dejado de trabajar, aunque no puede decirse que haya gozado de una gran carrera (según se mire, ya que siempre ha estado ocupado profesionalmente), pero sí pueden destacarse otros dos títulos de su filmografía: *Bajo sospecha* y *Llámame Peter*.

Años antes de su salto al cine ya había pasado por televisión como realizador de videoclips, por primera vez en 1983, y desde ese momento no ha dejado de estar relacionado con la misma a través de series de muy distinto calado. Por citar algunas de las más populares: *24*, *Traffic* o *Californication*.

Akiva Goldsman

Akiva Goldsman empezó su carrera como escritor en 1994 con *El cliente* y tan solo un año después daba el salto a la gran superproducción que fue *Batman Forever*, personaje y saga con los que repetiría en su secuela *Batman y Robin*. Esto hizo que en Hollywood se le asociara de manera inexorable con el género más fantástico y colorido. Así, llegaron a estrenarse otros títulos suyos como *Prácticamente magia*, *Yo, robot* o *Transformers: El último caballero*, además de entablar una fructífera relación con la franquicia *Star Trek*, para la que ha ideado las series *Star Trek: Picard*, junto a Kirsten Beyer y Michael Chabon, y *Star Trek: Strange New Worlds*, con Alex Kurtzman y Jenny Lumet.

«Puede que Batman y Robin sea la película basada en cómics más importante jamás realizada... Fue tan mala que exigió una nueva forma de hacer las cosas. Creó la oportunidad de hacer X-Men y Spider-Man, adaptaciones que respetaban el material original y que no eran camps.»
Akiva Goldsman

Parte de sus escritos, alguno ya mentado, han estado vinculados a la literatura al ser adaptaciones de novelas de mayor o menor éxito (muchas veces este potenciado por el estreno de la película). Filmes como *La Torre Oscura*, *Tiempo de matar*, *Una mente maravillosa*, *El código Da Vinci*, *Soy leyenda* o *La quinta ola*, que son revisiones en cine de obras literarias ya preexistentes.

Hoy por hoy su trayectoria más extensa la ha realizado como productor, algo que empezó, precisamente, con *Perdidos en el espacio* y que, de nuevo, en muchas ocasiones le ha vinculado al mundo del cómic, y más en concreto al de los superhéroes americanos, en títulos como *Los perdedores*, *Jonah Hex*, *Constantine* y su secuela o la serie *Titanes*. Algo que no deja de tener su mérito si se tiene en cuenta que sus primeros lazos con este género son las mentadas, y defenestradas, *Batman Forever* y *Batman y Robin*.

Del clásico a la revisión pasando por el refrito

Perdidos en el espacio estuvo en antena entre 1965 y 1968 con la mezcla justa de aventura familiar y ciencia ficción. Sin lugar a dudas, lo más recordado de todo es el inolvidable robot B9 y su frase estrella «Danger, Will Robinson!» («¡Peligro, Will Robinson!»), que dice bastante menos de lo que se suele pensar, además del propio niño espacial al que dio vida Bill Mummy y el siempre inquietante doctor Zachary Smith de Jonathan Harris. El final real de la trama no llegó hasta el 2015, la historia se situó quince años después de lo visto en televisión y el guion fue escrito por el propio Mummy. Regresó a su personaje y se contó con los intérpretes que seguían vivos para volver a dar vida a los protagonistas en esta celebración llamada *Lost in Space: The Epilogue*.

Tras la película de 1998 se han dado otros dos intentos de resucitar a los Robinson. El primero fue en 2004 en una película para televisión titulada *The Robinsons: Lost in Space*, que era el capítulo piloto de una serie que jamás llegó a realizarse. Con cambios en el tono y el argumento que conocemos todos, el final de este telefilme/piloto es el inevitable: quedan a la deriva perdidos en el espacio. El director fue John Woo, nombre tras *Blanco humano*, *Cara a cara* o *Misión: Imposible 2*, mientras que el guion recayó en las manos de Douglas Petrie, quien ya había estado implicado en las series *Las historias de Clarissa*, *Buffy, cazavampiros* y su derivado *Ángel*.

El segundo y más fructífero intento llegó en 2018 de la mano de Netflix, logrando mantenerse por tres temporadas (hasta 2021) con una buena aceptación tanto de público como de crítica. La esencia del clásico estaba ahí pero bien actualizada y cam-

Un dato curioso:

Robby el robot, mítico constructo de *El planeta prohibido,* apareció en la serie en un total de tres episodios (dando vida a dos robots diferentes).

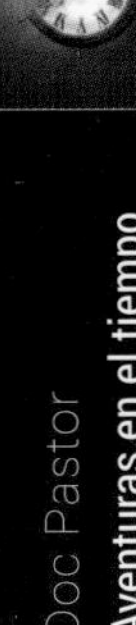

biada para los nuevos espectadores, sin caer innecesariamente en la nostalgia pero sí respetando desde dónde se venía al contar con la participación de los actores originales como Bill Mummy y Angela Cartwright.

El túnel del tiempo, de Irwin Allen

Irwin Allen es una leyenda del audiovisual, no en vano su sombra es alargada y llega hasta el día de hoy. Muchas de sus producciones son recordadas, algunas incluso reverenciadas, títulos como las series *Tierra de gigantes* y *Viaje al fondo del mar* o las películas *El coloso en llamas* y *La aventura del Poseidón*, en las que ejerció de productor. Pero si hablamos de viajes en el tiempo, que de eso va este libro, entonces hay que recalar por unas pocas líneas en *El túnel del tiempo*.

Emitida entre 1966 y 1967 presenta la historia de dos científicos que por un experimento del gobierno visitan diferentes periodos del pasado o, más bien, cómo uno de ellos, para demostrar la fiabilidad del ingenio que han construido, lo pone en marcha y se traslada hasta el *Titanic*. Lógicamente, cuando sus compañeros lo descubren uno se ofrece a ir para rescatarlo, pero, por desgracia, la maquinaria no puede lograr que ambos vuelvan a casa, aunque sí llevarlos de un punto cronal a otro.

La serie está protagonizada por James Darren y Robert Colbert como los doctores Tony Newman y Doug Phillips. El primero con una muy larga carrera también ha participado en las series *Los ángeles de Charlie*, *T. J. Hooker* o *Star Trek: Espacio Profundo Nueve*, mientras que a su compañero se le ha podido ver en *Mannix* o *The Young and the Restless*. Junto a ellos estaba Lee Meriwether como la doctora Ann McGregor, su compañera y protectora desde el presente. Sí, esa Lee Meriwether, la Catwoman de la película *Batman* de 1966.

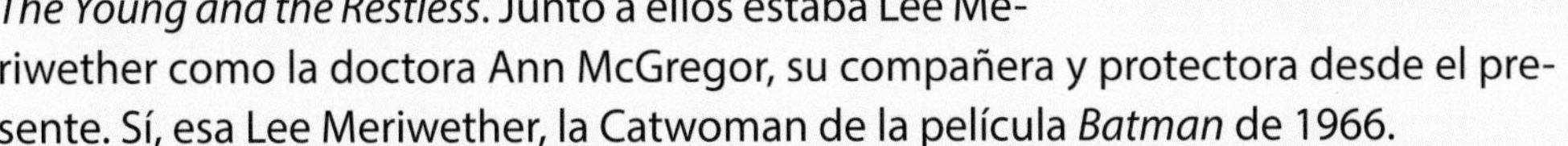

Debido a su éxito y popularidad la cabecera ha intentado ser resucitada en tres ocasiones, aunque ninguna de ellas ha conseguido realmente traerla de vuelta. La primera fue en la película de 1976 *Los viajeros del tiempo*, un piloto realizado por Fox en 2002 que sobrevivió como telefilme estrenado en 2006 y, finalmente, en ese mismo año existió una nueva propuesta que nunca llegó ni a la fase de producción.

Un dato curioso:

Robert Colbert también aparece en *Huida a través del tiempo*, protagonizada por Jeff Daniels.

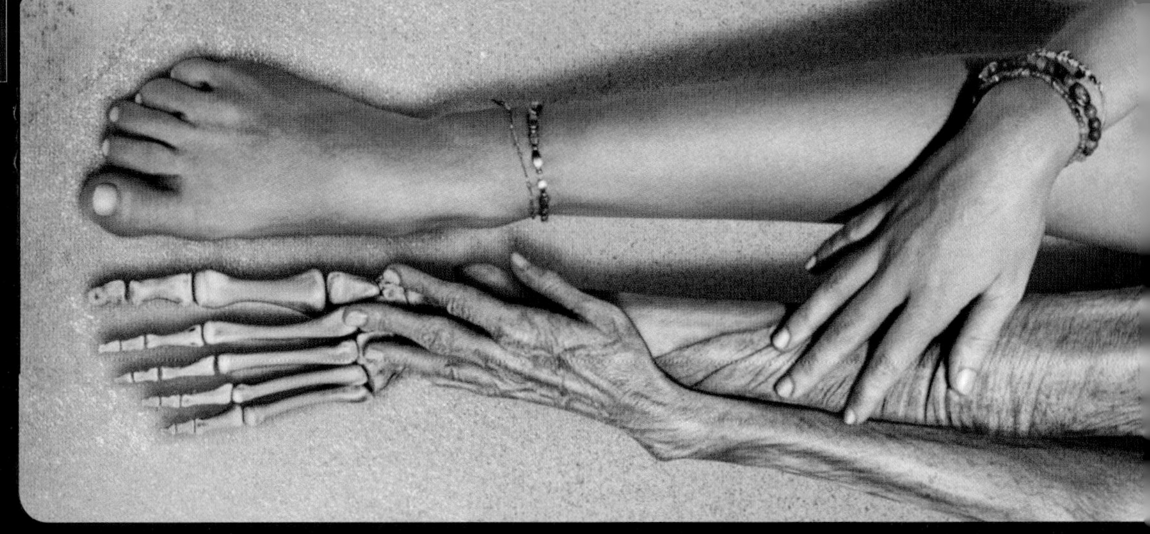

Tiempo

Entre el suspense y la reflexión

«Hay una isla. En la isla hay una playa. En la playa hay personas.»

«Hay una isla. En la isla hay un hotel. En el hotel hay un laboratorio.»

Esos pensamientos rondan por la cabeza del conductor de la furgoneta mientras se aposta en lo alto de un desfiladero, oculto entre las matas de hierbajos mientras con sus prismáticos vigila a los nuevos elegidos. Sabe que ninguno de ellos logrará sobrevivir, nunca lo hacen.

Su móvil vibra. Con cara de fastidio lo coge.

—¿Qué pasa? —Sus modales son bruscos— Sí, están todos… ¡Claro que he cumplido! ¡Siempre lo hago! —Deja por un momento los prismáticos en el suelo y, sin saberlo, esto evita que sea visto por los sujetos en la playa desde la que llega el olor de salitre y algas. El sol reflejaba en las lentes pero él no podía percibirlo. Ellos sí pero tampoco importa. Todos morirán.

Sigue discutiendo unos minutos con la persona al otro lado de la llamada. Es evidente que no se tienen ningún aprecio mutuo. Deben trabajar juntos, eso es todo.

—Voy a colgar. No, no, ¡voy a colgar! Cada minuto que pierdo contigo son horas de sus vidas. Si quieres saber algo más tienes tus cámaras y tus científicos —termina de hablar y sin esperar respuesta pulsa el símbolo rojo que corta por lo sano la conversación.

Guarda el aparato en un bolsillo de su pantalón y vuelve a su posición. A pesar del verde puede notar el calor del suelo. Sin duda alguna en la playa debe hacer más. Coge los prismáticos y sigue mirando.

Un dato curioso:

La película que Charles, Rufus Sewell, no consigue recordar en *Tiempo es Missouri,* título estrenado en 1976 que protagonizaron Marlon Brando y Jack Nicholson.

—Siempre igual, ya están discutiendo. —Suspira un momento— Da igual quiénes sean, al final todo es lo mismo. Van a morir. Todos ellos. —«Hasta los niños.» Lo piensa. Lo sabe. Le duele. Hace calor y nota las gotas de sudor resbalar por su rostro.

Todo es por algo más grande que él mismo. Todo es por un bien. Su muerte puede salvar vidas.

—Hay una isla. En la isla hay una playa. En la playa hay personas.

—Hay una isla. En la isla hay un hotel. En el hotel hay un laboratorio.

Su pensamiento vuelve a ese mantra, casi como si fuera un lugar en el que refugiarse. Abajo, en la playa que hay en la isla en la que hay un hotel y un laboratorio las personas que siguen discutiendo. Una mezcla entre miedo e incertidumbre.

Las gotas de sudor llegan hasta sus labios, nota su sabor salado. Suspira una vez más. Por hoy ya es suficiente. Todo lo que puedan necesitar lo tienen en sus cámaras. Recoge sus cosas, se monta en la furgoneta y se va.

Dentro de unas horas todo dará igual. Será como si nunca hubiera habido nadie en la playa.

M. Night Shyamalan en estado puro

No creo que me confunda al decir que lo más probable es que una gran cantidad de público conociera a M. Night Shyamalan por *El sexto sentido*, filme que en ocasiones se considera erróneamente el primero que hizo pero que sí fue el que le puso en el mapa de forma internacional. Por desgracia, y por una confusión debida al tema que trata (es decir, muertos y fantasmas), fue catalogado por muchos como un director de cine de terror en vez de uno de misterio y suspense. A pesar de que sus posteriores películas, *El protegido* y *Señales*, mantienen ese ambiente y ritmo con otras temáticas no logró quitarse la etiqueta, tuvo que pasar mucho tiempo para conseguirlo.

Esto mismo ha provocado que mucho público no termine de entrar en sus películas al considerarlas de miedo, que en realidad no lo dan, no lo intentan, no van de eso, pero también ha hecho que tenga una pequeña legión de seguidores

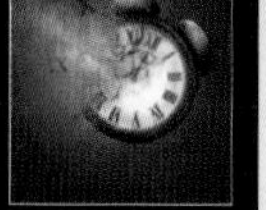

entre los que me cuento. Sencillamente es que M. Night Shyamalan no es para todo el mundo y eso está bien, tampoco pretende serlo, aunque sus filmes sean siempre vistos por miles y miles de personas.

Como es inevitable que pase con cualquier artista de marcado carácter, su obra no siempre ha gozado de popularidad y ha tenido altibajos. Su fama ha ido y venido con productos que han tenido mayor o menor éxito. *Tiempo* (*Old* en su título original), estrenada en 2021, es un ejemplo de ello, ya que si bien el filme ha gozado de buena aceptación entre profesionales y espectadores, no puede decirse que sea el más conocido. Quizá sí el más completo de todos los que ha realizado hasta la fecha. El director sabe aprovechar las posibilidades que da el jugar con el tiempo relativo, con ese paso de los días y las semanas que suceden solo en unas horas. No realiza un viaje cronal al uso, los personajes se desplazan por las olas del tiempo a gran velocidad, sufren y de forma inexorable mueren mientras el espectador no es capaz de quitar el ojo de la pantalla.

Un dato curioso:

Uno de los personajes está leyendo el libro *A Dangerous Liaison* de Carole Seymour-Jones, una biografía sobre Simone de Beauvoir y Jean-Paul Sartre.

Puede decirse que *Tiempo* es M. Night Shyamalan en estado puro, con sus momentos de tensión, esa trama en la que realmente nadie sabe qué sucede, su siempre esperado (pero a la vez inesperado) giro final, una muy buena elección de actores y actrices, unos diálogos trabajados al milímetro y la obligada aparición del propio realizador en el metraje como si fuera la firma en un cuadro. El director lleva muchos años trabajando, sabe qué hace y cómo debe hacerlo, y no puede negarse que lo hace bien, o dicho de forma más simple: si te gusta M. Night Shyamalan te gustará *Tiempo*, si no te gusta M. Night Shyamalan no te gustará *Tiempo*.

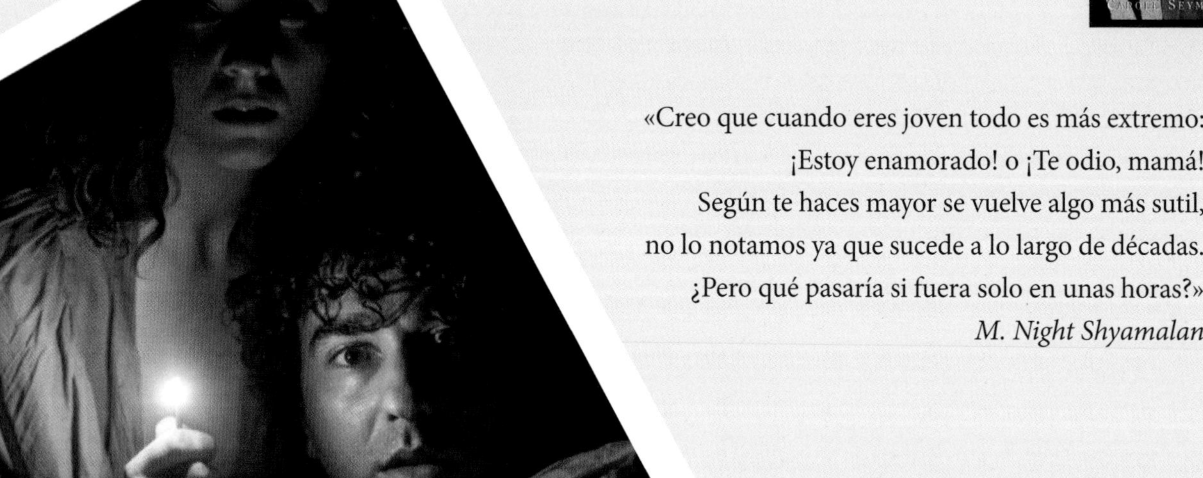

«Creo que cuando eres joven todo es más extremo:
¡Estoy enamorado! o ¡Te odio, mamá!
Según te haces mayor se vuelve algo más sutil,
no lo notamos ya que sucede a lo largo de décadas.
¿Pero qué pasaría si fuera solo en unas horas?»
M. Night Shyamalan

Un filme de actores

Tiempo es una película muy coral y no hay espacio en este libro para adentrarnos en hablar de todos los intérpretes que hacen aparición, más teniendo en cuenta que en el caso de los niños se multiplica debido al aumento de su edad y cambios físicos. Por suerte, sí podemos recalar un poco en dos de ellos.

El primero a mentar es Gael García Bernal, quien quizá tenga el rol más protagónico de todos en un filme en el que todo está muy repartido. El actor está a la altura de lo esperado en él y es que sus largos años de experiencia hacen de él un auténtico todoterreno. Entre sus muchos, pero muchos, papeles se pueden destacar Rodrigo De Souza en *Mozart in the Jungle*, Ernesto Guevara (sí, el Che) en *Diarios de motocicleta* u Octavio en la estupenda *Amores perros*.

Seguimos con Embeth Davidtz, otra todoterreno que bien aparece en un drama como en una comedia o en una película de ciencia ficción. Su carrera comenzó en 1989 en la película *Mutator*, en 1992 participó en *El ejército de las tinieblas* (tercera parte de la saga *Evil Dead*) como Sheila, su despegue definitivo llegó en 1996 con la adaptación de la novela *Matilda*, en la que daba vida a la encantadora señorita Honey. Desde ese momento se convirtió en un rostro familiar para el espectador sin dejar nunca de trabajar, acumulando títulos como *El hombre bicentenario*, *The Amazing Spider–Man 2: El poder de Electro* o *Not Okay*.

De *Dark City* a *Doctor Who*

Es precisamente a través de sus actores que este filme, *Tiempo*, conecta con otros provenientes también de la fantasía científica, del terror y del mundo de la imaginación. Así, puede verse el caso del británico Rufus Sewell, quien en 1998 protagonizó la *Dark City* ideada por Alex Proyas (director más recordado por *El cuervo*) o de Ken Leug, cuyo rostro se hizo conocido en todo el planeta tras su paso por la exitosa *Perdidos*, en la que interpretaba a Miles Straume.

No son los únicos, claro está. Además, puede mentarse a Abbey Lee, quien aparece en *Mad Max: Furia en la carretera* como una de las cinco esposas de Immortan Joe, o Nikki Amuka–Bird, que en 2017 estuvo en *Doctor Who* y casi una década antes en *Torchwood* (serie derivada de la anterior). Hay que hablar de Thomasin McKenzie quien interpreta a Maddox, una de las mejores actrices de su generación que ha aparecido en *El hobbit: La batalla de los cinco ejércitos*, la irreverente *Jojo Rabbit* o esa fascinante propuesta del género espaciotemporal que es *Última noche en el Soho* (de la que prometo hablar si la editorial me propone un tercer libro).

«Ahora mis pensamientos tienen más colores.
Ayer tenía pocos colores y eran más intensos,
ahora tengo más y más apagados.»
Maddox, Thomasin McKenzie, en Tiempo

M. Night Shyamalan, un director inquietante

La carrera profesional como director y guionista, muchas veces también productor, de M. Night Shyamalan comenzó en 1992 con *Praying with Anger*, que él mismo protagonizó con cierta dosis de biografía al encarnar a un joven con ascendencia de las Indias Orientales, sitio al que debe regresar, encontrando por el camino muchas respuestas sobre sí mismo. Tras esto hubo un parón de más de cinco años hasta que llegó *Los primeros amigos* y al poco, en 1999, estrenaba su primer gran éxito: *El sexto sentido*.

Este filme protagonizado por Bruce Willis y Haley Joel Osment le catapultó directamente al estrellato; se convirtió en uno de los grandes éxitos de su año y de la década. Por desgracia, como se ha comentado anteriormente, también le endilgó la etiqueta de director de cine de terror. Asusta, sí, pero debido al hecho de presentar a un niño que habla con muertos. Muertos que se ven de forma clara y con todo lujo de detalles, pero la trama es puro suspense.

Su fama y popularidad creció gracias a sus siguientes trabajos, entre los que destaco por gusto personal *El protegido*, que se adelantó algo más de un lustro al auge de las películas de superhéroes hechas con buen presupuesto y seriedad profesional. Para muchos su decadencia empezó en 2005 con *La joven del agua*, que no era más que un sencillo cuento fantástico; de hecho, uno que él contaba a su descendencia y que adaptó para la gran pantalla, con un buen reparto coral en el que destaca Paul Giamatti como su protagonista.

Tras esto llegaron varios años de bandazos en los que no terminaba de atinar, una mala racha que llegó a su fin con el estreno en 2015 de *La visita* (en cierto modo una revisión de *Hansel y Gretel*), en la que tuvo un mayor control sobre el producto final. Esto se ha mantenido en sus siguientes trabajos, algo que se nota de forma clara en *Múltiple*, que le hizo ganarse de nuevo todo el apoyo de la crítica y el público, y que redondeó con *Glass (Cristal)*, al conformar así la trilogía de *El protegido*. Hay que comentar que también acertó de pleno con *Wayward Pines*, serie de misterio de la que era productor y que contó con el protagonismo de Toby Jones y Matt Dillon. No todo el público congenió con la propuesta, menos todavía en su segunda temporada en la que todo cambiaba de forma radical. La idea era que hubiera una tercera entrega que, por desgracia, jamás llegó a realizarse.

El Shyamalanverso

¿Existe un Shyamalanverso propio? Hoy en día estamos más que acostumbrados a que diferentes películas y series sean parte de un mismo cosmos ficcional, algo que no es ni de lejos nuevo (los monstruos clásicos de Universal lo hicieron antes que nadie), pero que con el éxito de Marvel Studios ha llegado hasta el público general y está más presente que nunca. Se puede decir que en el caso de M. Night Shyamalan sí existe un pequeño universo propio, que es el conformado por *El protegido*, *Múltiple* y *Glass (Cristal)*, una trilogía de superhéroes de corte realista que llevaba fraguándose desde la primera entrega.

Se sabe que el personaje de *Múltiple* era uno de los villanos que estaban en el guion original de *El protegido*, pero finalmente el director decidió eliminarlo y centrarlo todo en la relación entre el protagonista y Don Cristal. Fue un acierto, quitó distracciones y muy seguramente dotó a todo el argumento, el duelo entre una fuerza del bien y una fuerza del mal, de más potencia. Así que puede decirse que sí hay un universo propio, pero que este se extienda más allá de estos tres títulos es algo distinto.

Es cierto que en ocasiones se pueden encontrar algunos guiños y sugerencias entre uno y otro trabajo del realizador; sin embargo, no es realmente un afán de crear algo conectado, aunque algunos fans hayan querido verlo así. Esto es algo que él mismo ha comentado en ocasiones, dejando claro que no es su intención y que si sucede es más fruto de la casualidad que de la intencionalidad.

> «No pienso en mis historias como parte de un mismo universo cinematográfico. Sin embargo, a veces me divierto pensando en hacer una referencia a algo que sucedió en otra película, pero considerarlo algo más sería falso.»
>
> *M. Night Shyamalan*

Castillo de arena, el *Tiempo* original

Por lo general, M. Night Shyamalan escribe, produce y dirige sus propias películas; no es habitual que meta mano en el trabajo de otros. Esto no significa que de forma ocasional no haya sido así, en el caso del cine se pueden mentar la desastrosa y aburrida *After Earth*, cuya historia fue escrita por Will Smith para su lucimiento y el de su hijo, o *Airbender: El último guerrero*, que adapta a la gran pantalla el conocido anime *Avatar: la leyenda de Aang* y que pretendía ser la primera parte de una abortada trilogía.

No puede decirse que haya tenido éxito cuando intenta sacar adelante material que no ha salido directamente de su mente, al menos no hasta la llegada de *Tiempo*, donde la trama proviene de un cómic, pero que bien leído parece haber sido pensado directamente para el realizador. Este llegó hasta las viñetas por un regalo del día del padre y tras leerlo supo que debía adaptarlo al cine. Hay que reconocer que por el camino la historia y la trama sufrieron más de un cambio, aunque conserva toda su esencia y gran parte de los detalles.

La novela gráfica, *Castillo de arena*, publicada en 2013 (en España en 2021 por la editorial Astiberri), mete de lleno al lector en una realidad terrible y sórdida y lo hace a través de unas personas que se quedan atrapadas en esa playa de la que no pueden salir, envejecen a ojos vista y no hay una explicación al respecto. Eso es lo más aterrador de todo, no llega a saberse qué sucede o el porqué. Por otro lado, tampoco es relevante, no más allá de la curiosidad intrínseca del ser humano; el trabajo de personajes, sus diálogos y relaciones es lo que hace que la lectura sea fascinante.

Esto no es de extrañar, puesto que la historia es obra de Frederik Peters, autor que ya había firmado la muy recomendable obra *Píldoras azules*, junto al documentalista Pierre-Oscar Lévy, firmante de *Clockwork Climate*, quienes fabrican un relato inquietante, horrible y muy cercano. Todo lo que vemos, sentimos y padecemos bien podríamos sufrirlo nosotros mismos o más bien es muy probable que lo hayamos sentido en el pasado. No me refiero al hecho de quedarse atrapado en una playa mágica que nos mata haciéndonos envejecer, pero sí la sensación de que el tiempo se nos escapa de entre las manos, las dudas y miedos sobre el futuro, las discusiones estériles, los prejuicios y los temores…

Posibles explicaciones al paso del tiempo

Si bien en la versión cinematográfica se da una explicación al porqué de los hechos, al menos al motivo por el que están allí y no tanto a cómo funciona la extraña playa (aunque se teoriza con ello), todo esto se ve más desarrollado en la novela gráfica gracias a uno de los personajes, que es un veterano escritor de ciencia ficción. Su presencia ayuda a que el lector pueda intentar comprender qué está sucediendo,

al menos parcialmente, ya que no dejan de ser más que elucubraciones hechas por un amable y simpático hombre cuya profesión es imaginar.

> «El porqué están en la playa es algo que he tenido rondando en mi cabeza desde que leí la novela gráfica por primera vez.»
>
> *M. Night Shyamalan*

Para él todo lo que están padeciendo podría ser una alucinación colectiva inducida por drogas, un químico que hace que envejezcan 1.000 veces más rápido de lo normal, el sueño de alguien en el que ellos están dentro, puede que sea un libro que alguien está escribiendo (lo que por otro lado no deja de ser cierto) o un experimento en busca de un cosmético milagroso antienvejecimiento del que son los conejillos de Indias. Cinco teorías distintas que pueden ser ciertas o no, la explicación no llega y es el lector el que debe decidir.

Cambios en el cine

Básicamente lo que se vio en la gran pantalla es lo mismo que estaba presente en el cómic, pero si bien en las viñetas todo queda en el aire y deja la trama sin resolver, en el filme sí nos encontramos con un desenlace. El realizador siempre ha dejado dadas las explicaciones convenientes para lo que plantea, sean mejores o peores, y *Tiempo* no iba a ser la excepción.

En la película el sobrino del gerente del hotel es importante para el resultado final; de hecho, los dos supervivientes logran salir de la playa gracias a sus indicaciones. En parte, sucede algo similar en el cómic, ya que el hijo del dueño del hotel, edificio que jamás llegamos a ver, corre hacia los prisioneros de la playa para ayudarlos (asumimos), pero es tiroteado desde fuera del plano. De igual forma uno de los niños, cuando ya se ha convertido en adolescente, comenta que a lo lejos ve a alguien que los está espiando con unos prismáticos, aunque es inapreciable en la viñeta (lo he comprobado con una lupa); en cambio, en el cine esto se muestra de forma totalmente clara y, de hecho, se une en la misma persona a este voyeur con el chofer que los lleva hasta la playa (y en él me he inspirado para el pequeño relato que inicia estas letras).

El cambio más radical entre un producto y otro se refiere al bebé que dos de los niños tienen al haber practicado sexo tras crecer sus cuerpos; no así sus mentes, puesto que están faltos de experiencias vitales y del proceso necesario para asumirlas. Este pequeño fallece en *Tiempo* al poco de nacer, ya que no ha habido espacio para que sea alimentado (se explica que una hora es equivalente a dos años); en cambio, en la novela gráfica sobrevive tan solo para despertarse a la mañana siguiente siendo adulta rodeada de los cadáveres de personas que no conoce.

Allí, sola en la playa, coge un pequeño cubo de plástico, que perteneció a uno de sus padres, lo llena y hace un pequeño castillo de arena.

«A lo mejor todavía sigue aquí mañana el castillo de arena...
pero nosotros desapareceremos cono insectos efímeros...».
Extracto del cómic Castillo de arena

Más allá del tiempo relativo

El tiempo relativo puede ser algo real o algo conceptual, hay muchas formas de enfocarlo, pero si uno ahonda un poco encuentra fácilmente antecesores que juegan con esta idea, como el relato corto *El nuevo acelerador* de H. G. Wells, la comedia *Click* protagonizada por Adam Sandler o el cómic *El día que duró cinco años* del superhéroe Johnny Quick, publicado en 1949.

Time Trap

Time Trap es una película de bajo presupuesto estrenada en 2017, obra de la dupla directoral conformada por Ben Foster y Mark Dennis, quien, además, firma el guion. La propuesta presenta a un grupo de alumnos que van a buscar a su profesor desaparecido en una cueva, pero al entrar en esta se encuentran con que el transcurrir del tiempo es diferente dentro y fuera, algo que, usado con ingenio y astucia, podría dar mucho juego. Por desgracia, no es así y la factura final se acerca más a un telefilme que a una película cinematográfica, con una puesta en escena bastante frugal y unas actuaciones que en ocasiones rozan lo ridículo. Con todo, he de reconocer que divierte a la par que entretiene y para eso vemos películas, para evadirnos y disfrutar.

Un pequeño contratiempo

Este filme australiano está dirigido por Josh Lawson, con el protagonismo de Rafe Spall como un hombre que recibe un extraño regalo por parte de una mujer misteriosa que le dice que no desperdicie su vida: una lata. Una lata que no puede abrir hasta su décimo aniversario de bodas, algo que sucede antes de lo que piensa, ya que sin saber por qué el tiempo parece acelerarse para él, pero no para todos los demás. Aunque la película es sencilla y sin pretensiones, sabe que es un producto menor y no intenta no serlo, tiene algunos momentos geniales (y la casi obligada referencia a *Atrapado en el tiempo*).

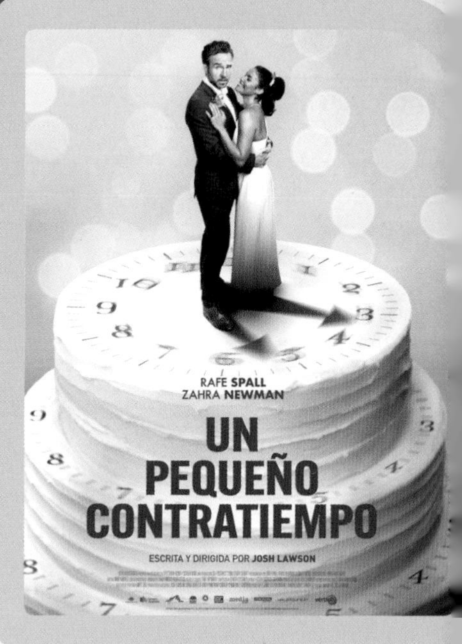

Tír na nÓg

La legendaria *Tír na nÓg* (también *Tír inna n–Óc* o *Tír na hÓige*) es parte de la mitología celta. Es considerada la Tierra de la Juventud, un lugar en el que el tiempo transcurre de forma diferente a todos los demás sitios, pareciendo casi detenerse. Este mágico lugar fue el hogar de Oisín, quien tras enamorarse de Niamh, hija del rey de aquel reino, vivió en ella hasta que la nostalgia le hizo regresar a su Irlanda natal, tan solo para encontrarse con que habían pasado siglos desde que partió. Según se narra, tan solo era posible llegar hasta este increíble lugar si eras guiado por uno de los seres que la habitaban y únicamente tras una larga travesía, lo que también hace pensar en la Avalon de la leyenda artúrica o el El país de Nunca Jamás ideado por J. M. Barrie.

«Is fada an bóthar nach mbíonn casadh ann».
Antiguo proverbio irlandés

(Traducido libremente como: La larga senda es aquella que no tiene desvíos.)

Lightyear

Una odisea espaciotemporal

Bajo un cielo estrellado un pequeño grupo de anónimos héroes aguarda su momento. Uno de ellos es un hombre del pasado, también del futuro, alguien que perdió su tiempo mientras intentaba llevar a cabo una misión que jamás pudo completar.

Está apartado de sus tres compañeros, sentado lejos de la luz. Taciturno y pensativo levanta su antebrazo y empieza a hablar.

—Cuaderno de bitácora. Fecha estelar… —No la sabe. Se da cuenta de ello— … fecha estelar la que sea. Estoy atrapado en un planeta que no es el mío pero pudo serlo. Solo debí haberme quedado, pero no quise hacerlo. Ellos, todos los demás estaban por delante de mí y… —El dolor que siente por dentro no le deja seguir.

Cierra los ojos y respira. Hasta sus oídos llegan las palabras de sus compañeros, hablan en voz baja pero igualmente los oye.

—Está haciendo eso de hablarle al brazo.

—Shhhh, se supone que habla al Comando Estelar para informar.

—¿Qué Comando Estelar? No queda nadie, está solo.

No sabe si ellos se dan cuenta de que los puede oír o sencillamente es que no tienen nada más que decir. Sea de la forma que sea dejan de hablar.

«Es cierto» piensa Buzz abriendo los ojos y mirando el cielo estrellado que le devuelve la mirada. «No hay nadie más. Quise salvarlos pero no me di cuenta de que no hacía falta. Mi misión, eso era todo lo que me importaba.»

Miró a sus compañeros. Tan solo tres. Una criminal anciana, un torpe al que no deberían dejar acercarse a una nave y ella, una joven que le recuerda a su abuela. A su compañera a la que dejó atrás, a la que quiso salvar y devolver una vida que en realidad vivió.

Los ve allí, a los tres, la ve a ella y sonríe. ¿Eso es una lágrima? Puede ser, una lágrima por la amiga que perdió, por los errores que cometió.

—Ellos son mi misión, mi equipo —Sonríe ligeramente. Sabe que esta vez todo saldrá bien.

¿Cómo lo sabe? Muy sencillo:

—No estoy solo —se dice a sí mismo en voz tan baja que apenas si llega a oírla.

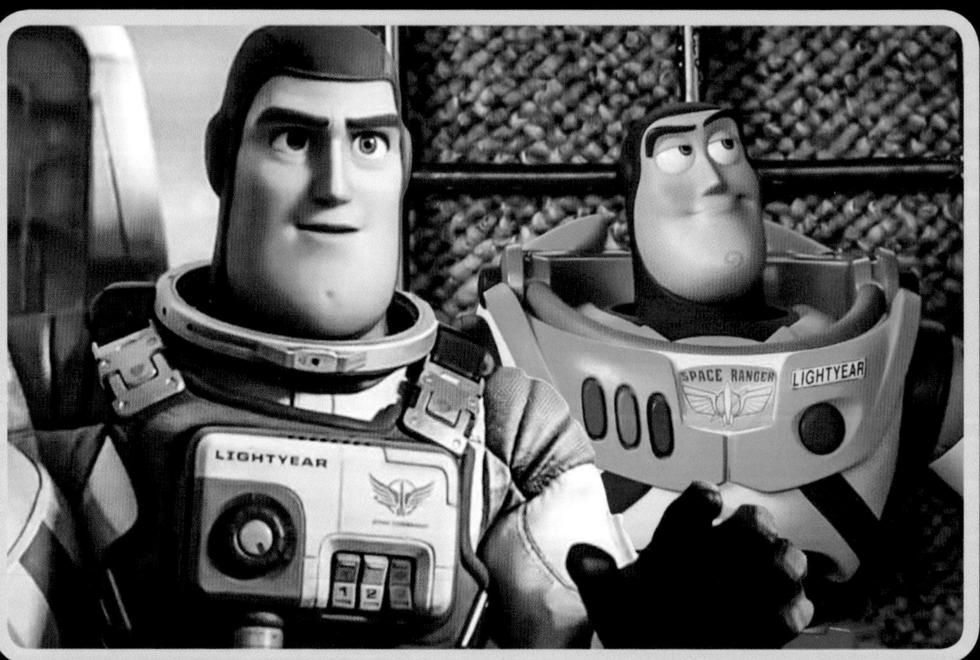

Una estupenda película de ciencia ficción

Lightyear es una película estupenda, eso es lo primero. Es divertida e ideal para todo tipo de público, una atractiva propuesta de ciencia ficción que si bien sale desde la mitología de *Toy Story* no se vincula a esta. Me atrevo a decir que ese es uno de sus grandes aciertos, el no vincularse más que de forma anecdótica a la saga de la que proviene, lo que hace que pueda ser consumida sin problema alguno tanto por los conocedores de las historias de Woody y Buzz como por los que no. Se han esforzado en ello.

Esto se ve de forma clara en el guion firmado por Angus MacLane, Matthew Aldrich y Jason Headley, todos ellos nombres conectados desde hace tiempo a Pixar, que juntos han conseguido realizar una más que potable historia como en su día ya lograron Andrew Stanton, Pete Docter y Jim Reardon en *WALL•E*, aunque las intenciones de uno y otro filme sean totalmente distintas. Aquí lo que prima por encima de todo es la aventura y la acción. Claro que hay una evolución de personajes y un camino de aprendizaje, pero no busca tanto una reflexión y una crítica social como el simple entretenimiento del público.

Quizá por eso mismo Angus MacLane, en su doble posición de guionista y director, no ha dudado en beber y homenajear a grandes títulos de la ciencia ficción como *Alien*, *Star Trek* o *2001. Una odisea del espacio* y lo ha hecho de forma que si conoces ese material sonreirás al ver el guiño y si no es así no pasa nada, el fil-

me funciona igualmente y lo disfrutarás en tu sofá. Sorprende la habilidad de este profesional como director cuando, en realidad, este es su primer gran proyecto en solitario, algo que nadie diría viendo el resultado final de *Lightyear*.

Un gran acierto ha sido contar con Chris Evans, que da a esta nueva versión de Buzz Lightyear su propia personalidad pero sabiendo mantener ese ligero aire de arrogancia y ternura que tenía el personaje que todos amamos de *Toy Story. Igual de grande, o más, ha sido la decisión de* que Zurg, el gran villano de la función, sea interpretado por nada menos que el legendario James Brolin. Una delicia para todos los amantes del cine, y más para los que somos fans del género.

Lightyear es una entretenida película de fantasía y aventuras para todos los públicos, una historia que tiene el sello de Pixar y eso ya es, por derecho propio, sinónimo de calidad.

> «Desde que empecé en el estudio en 1997 siempre he estado conectado con Buzz Lightyear y después de terminar Buscando a Dory realmente deseaba hacer algo que fuera un poco diferente, algo como una película que podría haberme gustado de niño.»
>
> *Angus MacLane*

Una pequeña polémica

Hay que decir que la sustitución de Tim Allen por Chris Evans es algo que no sentó bien a todo el mundo, empezando por el propio Tim Allen y seguido por su compañero Tom Hanks (que en la franquicia *Toy Story* es el vaquero Woody). Hubo quejas y protestas de algunos seguidores de la saga y en parte es entendible, ya que Tim Allen llevaba décadas siendo su voz y para algunos era complicado entender al personaje sin él.

Por otro lado, no era tan entendible, puesto que no hablamos del mismo héroe espacial. El que aparece en *Toy Story* es un juguete, una figura de acción que recibe el

niño Andy como regalo de cumpleaños. Siempre se asumió que había sido por una película que le había gustado y de ahí el obsequio; aquí es cuando entra este nuevo Buzz Lightyear que es el que protagoniza dicho filme. Según explica la propia película con una cartela nada más empezar, lo que el público ve en la sala es la misma cinta que el niño vio en el cine: esa es toda la conexión que hay con la saga de lo juguetes.

> «Es una historia fabulosa, solo que no parece tener ninguna conexión con el juguete, es un poco como… no sé. Simplemente no tiene relación con Buzz, no hay lazos. Desearía que tuviera alguna vinculación.»
>
> *Tim Allen*

Nos adentramos en el viaje en el tiempo

Lightyear es un filme que emula a clásicos del género y que ahonda en sus tópicos pero que además hace algo poco común en los mismos: muestra dos formas diferentes de viaje temporal. Cada una de ellas con sus peligros y consecuencias.

La primera de ellas y más evidente en la trama es el tiempo dilatado que sufre el protagonista, es decir, que para él apenas hay cambio mientras que para el resto del planeta y de personas a las que pretende salvar pasan años. Esto sucede como consecuencia de su viaje espacial para intentar alcanzar velocidades que le permitan llevar a todos sanos y salvos hasta su destino real. Por desgracia, alcanzar esta aceleración tiene esa inesperada consecuencia.

En pocas palabras no es sencillo de explicar, pero según afirmó Einstein el tiempo y el espacio están ligados y lo que los une es la velocidad de la luz. No obstante, también se puede citar al físico britanoiraquí Jim Al-Khalili que dijo «Si tratas de viajar a la velocidad más cercana a la de la luz que sea posible suceden cosas extrañas», algo que ha sido muy aprovechado por la ciencia ficción ya sea en literatura, cómic, películas o en cualquier otro medio existente.

En *Lightyear* esto va un paso más adelante y nos adentra en la segunda forma de viaje en el tiempo. Sucede cuando el protagonista se encuentra con su yo futuro que trata de volver al pasado del que ambos partieron. Un periplo cronal más al uso que puede tener consecuencias de todo tipo; la idónea y buscada es la de evitar que todo haya sucedido pero de esta forma borrará toda una línea temporal. Jamás

habrá existido y tampoco todos los que viven en ella. Ese es el dilema. ¿Salvas un pasado a costa de exterminar un futuro?

Se explica también, aunque puede pasar desapercibido, que el héroe espacial y su versión envejecida no son en realidad el mismo, sino versiones distintas de una misma persona. Sí, han tenido las mismas vivencias, al menos, hasta cierto punto en el que sus destinos se dividen, algo que afecta a su manera de ver y entender el mundo. Una buena forma de mostrar las dos caras de una misma moneda y enfrentar al personaje con su lado oscuro, literal y metafóricamente.

> «Debido a que nuestras películas llevan mucho tiempo, al menos cuatro años cada una de ellas, cuando regreso a mi ciudad siempre hay cosas que son diferentes. Veo cambios en la gente y en la ciudad pero no en mí. De ahí vino la idea de la dilatación temporal, está inspirada en el ciclo de producción de un proyecto de Pixar.»
>
> *Angus MacLane*

Referencias a la ciencia ficción

Que *Lightyear* se inspira en muchas grandes películas de la ciencia ficción es algo evidente con tan solo ver unos pocos minutos del metraje, pero los creadores tras la aventura han querido reverenciar de forma más directa a algunos de estos grandes títulos. Desde *Star Wars* a *Star Trek* pasando por *Alien* y, sin pretenderlo, a *E.T. El extraterrestre*.

Star Wars es una de las sagas homenajeadas en varias ocasiones pero la más reconocible de todas es el uniforme espacial que lleva Buzz, que recuerda directamente al de Luke Skywalker (y el resto de rebeldes) cuando pilotan sus X–Wings; esto, a su vez, es un guiño interno, pues hace referencia a los primeros diseños de Buzz Lightyear para *Toy Story*. También se puede hablar de la franquicia *Alien*, más en concreto de la segunda parte, *Aliens. El regreso*, de la que viene la frase «El riesgo siempre vive.» que aquí aparece escrita en la carcasa del robot DERIC.

Es también en esta historia de terror espacial donde encontramos al gato Jonesy, que tiene su sosias en este filme en el computerizado, y carismático, Sox, que es uno de los mejores personajes de todo el metraje. Podemos hablar de cómo en la serie *Star Trek: La nueva generación* el androide Data tiene un felino anaranjado que le ayuda a sentirse más humano o de *Star Trek IV.*

Misión: salvar la Tierra, puesto que la tripulación de la Enterprise también usa la energía de una estrella para lograr su viaje en el tiempo.

En el caso de I. V. A. N., el piloto automático que (en teoría) es una ayuda para conducir las naves estelares, queda claro que es un émulo cómico del HAL de *2001. Una odisea del espacio*. Sin olvidarse de la oscuridad, la soledad y el miedo al espacio, que es un tema de fondo en toda la película y su secuela, *2010: Odisea dos*.

Y, si bien en ocasiones se cita a *E. T. El extraterrestre* como una referencia por el saludo entre Buzz Lightyear y Alisha Hawthorne, comandante y mejor amiga, en realidad, no es tal, ya que el gesto viene por el director del filme y su hija.

«Cuando la gente me dice "Está claro que Interstellar te ha influido" me siento un poco como "No, no lo ha hecho, pero vale".»
Angus MacLane

James Brolin, una leyenda del cine

¿Qué se puede decir de James Brolin? Es un gigante de la actuación, lleva décadas en activo, es respetado por colegas y querido por seguidores, ha estado presente en títulos inolvidables, es padre del también muy talentoso Josh Brolin y esposo de la fantástica Barbra Streisand. Hay que agradecer su larga y dilatada carrera a su amistad con el también actor Ryan O'Neal, una relación que empezó siendo los dos muy jóvenes y que ayudó a Brolin a dejar atrás su timidez y a ganar seguridad en sí mismo.

Fruto de este avance llegaron pronto sus primeros trabajos. Así, el intérprete nacido en 1940 se estrenaba en 1961 en la televisión con las series *Encrucijada* y *La ruta del sol*. A lo largo de esa década logró crecer gracias a su paso por producciones como *Batman*, *Viaje alucinante* o *Flint, agente secreto*. Llegaron los años setenta y le consagraron de forma definitiva. Es entonces cuando su talento es totalmente reconocido gracias a personajes inolvidables como John Blane en *Almas de metal*, George Lutz en *Terror en Amityville*, el doctor Steven Kileyo en *Marcus Welby* o el mismísimo Clark Gable en *Los ídolos también aman*. Siguió encadenando éxitos y

fama a lo largo de los ochenta y noventa pero el final del siglo XX no fue bueno para él tanto a nivel profesional como personal. En 1995 fallecía su exmujer Jane Cameron Agee y al poco su esposa en ese momento, Jan Smithers, solicitaba el divorcio.

Esta situación empeoró en los 2000 con la cancelación de la serie *Pensacola: Alas de oro* (en la que también dirigió algunos episodios) y una consecución de papeles inadecuados. A pesar de algunos tropiezos y malas elecciones logró reencontrarse con el aplauso y el cariño del público en 2015 gracias a *La vida en piezas*, en la que dio vida a John Bertram Short hasta la cancelación de la producción en 2019.

Y en la ciencia ficción

James Brolin es un icono dentro del cine de ciencia ficción gracias a su papel en *Almas de metal* (*Westworld* en su título original), una película imprescindible estrenada en 1973, primera entrega de una franquicia compuesta por dos largometrajes y dos series televisivas. Parte de sus primeros pasos ya estaban relacionados directamente con esta temática y en sus iniciáticos años sesenta se le pudo ver en *Un chalado en órbita* y *Viaje alucinante*, la serie *Viaje al fondo del mar* o el piloto fallido *City Beneath the Sea* (estas dos últimas creadas por Irwin Allen).

No puede decirse que su carrera haya estado cimentada en este género pero sí ha entrado en el mismo a lo largo de las décadas gracias a títulos como *Capricornio Uno*, *Terminal Virus*, *Categoría 7 – El fin del mundo* y *Lightyear*. Por el momento, a la hora de escribir estas líneas, no parece tener intención alguna de retirarse, así que quién sabe qué más está por llegar.

«Por extraño que sea el mundo está cambiando. ¡Es increíble!
Muchas veces el arte recrea la realidad,
temas que consideramos ciencia ficción pueden ser reales 30 años más tarde.»
James Brolin

Chris Evans, el superhéroe del cine

Es más que probable que hoy por hoy, en la publicación de este libro, Chris Evans sea uno de los actores más conocidos de su generación y más populares de forma internacional. No en vano ha dado vida al Capitán América de Marvel Studios y esto es algo que te catapulta directamente a la fama, solo que en su caso no era precisamente un desconocido cuando llegó hasta este papel. Tampoco fue su primer cruce con un héroe que provenía de las viñetas.

Nació en 1981 y la pasión por actuar apareció en él siendo tan solo un niño, algo lógico si se tiene en cuenta que su madre era directora artística en el Concord Youth Theater, así que se crió entre bambalinas y luces. De adolescente apareció en el cortometraje *Biodiversity: Wild About Life!* y años más tarde, trabajando como becario en una agencia de casting consiguió que se fijasen en él para la serie *Opposite Sex*. Al poco apareció en la comedia *No es otra estúpida película americana* que, si bien no es muy recordada, se convirtió en un inesperado éxito en su momento, algo que le hizo tener sus primeros escarceos con la fama.

Los títulos se suceden y su rostro es cada vez más habitual en la gran pantalla gracias a películas como *The Perfect Score (La puntuación perfecta)* o *The Nanny Diaries (Diario de una niñera)*, en las que comparte cartel con Scarlett Johansson, actriz con la que volverá a cruzarse en el universo de Marvel Studios al dar ella vida a la Viuda Negra. Poco a poco Evans tiene su propia legión de admiradores que reclaman más Chris en su dieta mensual, y la tienen; el paso del tiempo le hace ganar cada vez más protagonismo como en *Dime con cuántos*, junto a Anna Faris, hasta llegar a la cima al ser totalmente reconocible solo con hacer aparición en pantalla, algo que queda claro en la divertida *Free Guy*, en la que se interpretó a sí mismo en un cameo.

Un dato curioso:

Chris Evans apareció en la versión de 1999 del juego de mesa *Cita misteriosa (Mystery Date)*. En concreto era Tyler, la cita de la playa.

En el mundo de las viñetas

Como comentaba hace unos párrafos gran parte de su fama y éxito vino por el salto que le supuso ser el Capitán América de Marvel Studios en 2011, solo que ese no era su primer paseo por el cómic (aunque todos los demás hayan quedado eclipsados por su sombra). Antes de eso se calzó las llamas de la Antorcha Humana entre

2005 y 2007, en *Los 4 Fantásticos* y *Los 4 Fantásticos y Silver Surfer*, que, si bien no son unas películas muy queridas y pecan de televisivas, hay que decir que al menos son divertidas.

Fue también en 2007 cuando participó en *TMNT – Tortugas ninja jóvenes mutantes*, en la que dio voz a Casey Jones, uno de los más antiguos aliados de las tortugas y que para él fue un papel especial. Esto es debido a la pasión que tuvo de niño por estos personajes y sus muñecos. En 2010 hizo doblete con *Los perdedores*, que se basa en los personajes de DC Comics del mismo nombre, y *Scott Pilgrim contra el mundo*, que contó con dirección de Edward Wright, quien también fue escritor del guion junto a Michael Bacall.

Así, alcanzamos el año 2011, cuando se metió por primera vez dentro del traje del Capitán América y se mimetizó por completo con él, regresando al mismo en numerosas películas de Marvel Studios. Si bien parece que su historia se ha cerrado en la ficción, nadie puede decir que en futuro no vaya a volver. ¿O acaso alguien se esperaba que regresaran las hermanas Sanderson? La esperanza es lo último que se pierde.

Los otros Buzz Lightyear

En 1995 llegaba a los cines *Toy Story* y todo cambió. Al menos en lo que respecta al cine de dibujos animados, que encontró una nueva forma de ser y hacer, pasando a tener un dominio absoluto las películas realizadas por ordenador, dejando casi en el olvido a las de animación tradicional. También supuso el nacimiento real de Pixar, de su franquicia más querida y larga, y del aventurero espacial Buzz Lightyear.

Tim Allen fue el primero de todos los actores que han dado voz al personaje, ya que llegó al mismo en *Toy Story* y ha estado ligado a él hasta *Toy Story 4*, incluyendo un cameo (voz de archivo) en *Ralph rompe Internet* y en varios videojuegos. En España situamos a esta encarnación del jinete estelar con el tono de José Luis Gil, actor de doblaje que ha prestado su talento a Buzz en toda la saga cinematográfica y más allá.

Para la cinta doméstica *Buzz Lightyear (La película)* se contó de nuevo con Tim Allen pero no fue así en la serie derivada de esta, *Buzz Lightyear of Star Command*, en la que fue interpretado por Patrick Warburton. De primeras, este nombre puede sonar poco pero tiene una larga trayectoria como intérprete vocal, además de haber aparecido en producciones de acción real como *The Tick* (de la que era protagonista) o *Seinfeld*.

Por otro lado, Pat Fraley puede competir con Tim Allen en veteranía, ya que empezó a dar vida a Buzz en el propio 1995 en el videojuego de *Toy Story*, pasando a ser la otra voz vinculada al personaje. Desde entonces ha seguido haciéndolo en otros videojuegos, multitud de cortometrajes e incluso en el filme *Toy Story 2*, donde interpreta a los diferentes muñecos del personaje que aparecen en la tienda de juguetes.

Un dato curioso:

Pat Fraley también es la voz de Krang y Baxter Stockman en *Las Tortugas Ninja* de 1987.

Pixar y la ciencia ficción

Pixar es una empresa de referencia a diferentes niveles, una de las más importantes en lo que a cine de animación se refiere. Esto viene dado por su interés en contar historias y no centrarse de forma exclusiva en el público infantil. Como ellos mismos han aclarado en infinidad de ocasiones, no hacen películas para los más pequeños y no hay más que ver su filmografía para darse cuenta de ello. Por desgracia, todavía vivimos en un mundo que considera que si la producción es de dibujos animados entonces es para niños, lo que se suele asumir como si fuera algo malo y no es el caso.

En su afán por hacer solo buenas películas, aunque no siempre lo logren como sucedió en *El viaje de Arlo*, tampoco hacen diferencias en lo que se refiere a géneros. Todo está al servicio del proyecto de turno, prima qué se está narrando, los personajes y su mundo, pero más allá todo es concebible y cualquier ambientación es posible. *Lightyear* no es la primera vez que la compañía se adentra en el terreno de la fantasía científica, nada más lejos.

Hasta el momento dos han sido las incursiones previas en la temática: *Monstruos, S. A.* y *WALL•E*. La primera presenta un mundo de monstruos que llegan hasta el nuestro al romper la barrera entre realidades a través de un mecanismo de transportación que se representa con la forma de una puerta, en un momento está allí y el otro aquí. Se puede especular un poco más y decir que no es solo un viaje por el espacio si no que también lo es por el tiempo. Claro que esto no es algo que se explique en la trama y es todo pura elucubración (es parte de la llamada teoría Pixar, que se detalla extensamente en el libro *¡Hasta el infinito y más allá! Pixar a través de sus películas*). La precuela *Monstruos University* no se puede considerar como ciencia ficción, por su argumento y enfoque encaja más como una película de hermandades universitarias.

La segunda, *WALL•E,* lleva al espectador hasta el futuro, un momento en que la tierra está muerta, para contar la historia de un pequeño robot que tiene un alma muy humana. Estamos dentro de la especulación científica con una fuerte crítica a la sociedad en la que vivimos y una reflexión sobre a dónde nos dirigimos, aunque de forma sorprendente para un gran número de espectadores solo sea una sencilla historia de amor entre dos robotitos, sin llegar a ver el mensaje real del filme.

Un dato curioso:

El mecanismo de una puerta para cruzar las dimensiones de Monstruos, S. A. recuerda mucho a las historias clásicas del Sr. Peabody y el niño Sherman.

Se puede añadir a este pequeño listado *Elio*, todavía por estrenarse a la fecha de escribir estas líneas. El protagonista es un niño que se ve transportado a través de la galaxia y es confundido con el Embajador Intergaláctico del planeta Tierra. Poco más se ha dado a conocer sobre qué podremos ver cuando llegue a los cines en 2024 (quizá cuando tú leas este libro haga años que estrenó, en cierta forma será como si viajaras en el tiempo). El poco material promocional que han mostrado deja imaginar el estilo y el tono que tendrá, de nuevo con esa calidad que parece innata en todo producto Pixar.

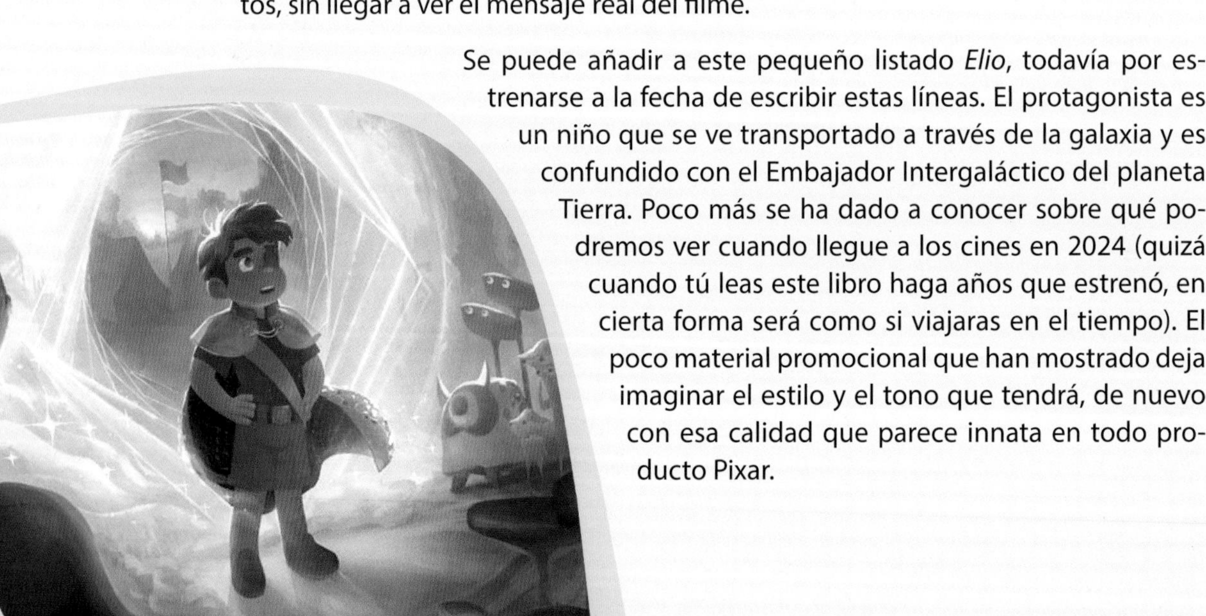

Los viajeros en el tiempo

Un clásico desconocido

Un día más en el laboratorio. Se respira calma pero a la vez hay cierta agitación. La habitación huele a cerrado, aunque las personas dentro no parecen darse cuenta. Dos hombres y una mujer. Uno de ellos, casi anciano, parece ser el jefe de los otros dos.

Miran con atención unos papeles que tienen delante. No pueden creer lo que están viendo. Lo han conseguido.

–Bien, si todo es correcto...–empieza a decir Carol.

–Todo es correcto, nos hemos asegurado varias veces –le corta el doctor Connors, mientras el afable anciano le pone la mano en el hombro para que se relaje.

Han sido muchos meses de trabajo, años en realidad.

–Asumimos que todo es correcto y si es así entonces hemos logrado crear lo imposible.

Los tres se miran y dicen al unísono:

–Una ventana al futuro.

Su jefe, el doctor von Steiner, regresa a su escritorio y se sienta en la silla que cruje ligeramente, igual que lo hacen sus articulaciones. Está orgulloso, su hinchado y rosado rostro lo deja claro. Orgulloso de sí mismo y de sus dos compañeros, nunca los ha considerado sus empleados. Son compañeros en el camino de la ciencia. Sus fieles escuderos.

–Chicos –empieza a decir –, de momento todo son cálculos. Todavía falta poder construirla y que realmente funcione, que nos permita ver más allá de nuestro tiempo. –Abre un cajón, saca un puro y lo enciende a modo de celebración, inundando la habitación con su olor.

Desde la otra mesa y todavía con los resultados en las manos, Carol duda un momento antes de hablar.

–Sí, señor. Y las posibilidades son muchas. Solo temo que pueda haber algún peligro.

Ella lo sabía, lo que estaban haciendo era totalmente experimental. Nunca se había ido tan lejos, para algunos sería casi magia.

Su compañero, con cierto tono condescendiente, replicó:

–No seas tonta, Carol, ¿qué puede pasar? O funciona o no, pero nada más. ¿No es cierto, doctor?

El doctor von Steiner tardó unos segundos en responder. Primero dio una calada a su puro y lo miró pensativo mientras exhalaba el humo.

–No, no, estad tranquilos. Hemos hecho bien todo, no debería pasar nada. Solo es una ventana, miraremos y ya está.

Pero esto no tranquilizó a Carol. En sus adentros pensó «Una ventana que se abre queda abierta.» pero antes de que pudiera decir nada más sus compañeros ya estaban proponiendo salir al bar de la esquina para pedir un poco de champagne.

Había mucho por celebrar. Lo habían conseguido. Una ventana al futuro.

Auténtico sabor pop

Que siento cierta fascinación por los años sesenta del siglo XX es algo que cualquier lector o seguidor en redes sociales sabe de sobra, lo he comentado también en este libro, y es que me resulta imposible no sentir admiración por tan increíble década. Si uno se pone a mirar se realizaron producciones que marcaron un antes y un después, nacieron personajes que hoy siguen siendo icónicos y realmente el único límite que existía parecía no ser ninguno, salvo el del presupuesto, ya que por desgracia en aquel momento ciertos géneros se consideraban menores. Sí, la ciencia ficción era uno de ellos, pero esto mismo provocó que la imaginación se agudizara para desarrollar historias y los efectos especiales que requerían, que en algunos casos llegan a ser sorprendentes.

Muchas son las propuestas que el cine de fantasía científica dio entonces, continuando la edad de oro de la serie B que fue la década anterior, y de entre ellas *Los viajeros en el tiempo*, estrenada en 1964, es una a tener muy en cuenta. Una que en muchas ocasiones es prácticamente desconocida pero es que hablamos de un año muy prolífico que dejó títulos como *Las siete caras del Dr. Lao*, *¿Teléfono rojo? Volamos hacia Moscú* o *My Fair Lady (Mi bella dama)*. ¡Si hasta el oso Yogui estrenó su primera película cinematográfica!

Un dato curioso:

Los mutantes son interpretados por miembros de Los Angeles Lakers.

Con semejante competencia no es de extrañar que este filme dirigido por Ib Melchior haya quedado algo olvidado. He de reconocer que yo mismo lo desconocía hasta hace poco. Fue precisamente debido a la salida del anterior volumen de *Viajes en el tiempo* que un amigo me habló de esta película, me hice con ella para poder verla y según terminé tuve claro que debía incluirla en la segunda parte.

La propuesta que presenta el realizador junto el guionista David L. Hewitt es ingeniosa y divertida, muy sesentera y totalmente pop. Con un presupuesto más que ajustado se pudo crear una película que lucía bien entonces y sigue haciéndolo ahora, con cierta perspectiva del tiempo pasado, narrando, además, un posible futuro apocalíptico en el que el mundo se ha ido al carajo, hay mutantes y una sociedad de científicos que intenta salir del planeta. Todo ello salpicado con un ingenio cronal, la idea del tiempo relativo que termina afectando a sus protagonistas e incluso un bucle autoconsistente que se nos muestra desde el principio pero que no entendemos hasta el final… ¡Y todo en algo menos de una hora y media!

Lo dicho, *Los viajeros en el tiempo* es un clásico desconocido. Pero que nadie se preocupe, vamos a ponerle remedio.

«Esta es una de esas raras películas de ciencia ficción en las que la idea es la estrella.»
Brad Linaweaver

Algunos rostros a tener en cuenta

Uno de los alicientes de ver *Los viajeros en el tiempo*, además de lo bien que ha soportado el paso de los años, son los diferentes nombres que aparecen, ya que algunos de ellos se han convertido en iconos del cine. El primero a mentar, por puro placer personal, es el actor Steve Franken, que interpreta al secundario cómico Danny McKee, pero cuyo rostro ha pasado a la historia como el del cada vez más borracho camarero de *El Guateque*, además de haber aparecido en *Batman*, *Misión: Imposible* y *Almas de metal*.

De la mano de este alivio cómico se puede nombrar a Delores Wells, que da vida a la voluptuosa y sensual Reena, una joven que comparte un cierto romance con Danny y que muestra al espectador algo más de ese mundo futuro, incluyendo una escena en que toca el lumichord (instrumento real que se llama lumigraph) mientras una pareja se da al amor y otra en que desnuda charla distraídamente con otras mujeres en una especie de spa futurista. No en vano había sido Playmate del mes en junio de 1960 y la producción no dudó en sacar partido de ello, dentro de unos límites que evitaban la censura de Hollywood.

Por su parte, John Hoyt encarna a Varno, el jefe de los científicos del futuro. A lo largo de su dilatada carrera fue parte de series míticas como *El llanero solitario*, *Cómo pescar a un millonario* o *El Zorro* que protagonizó Guy Williams y de filmes como *Cleopatra*, *La rebelión de los muñecos* o la pseudoerótica *Las aventuras de Flesh Gordon*. Llegó a tener aparición en *El túnel del tiempo* en dos episodios, uno como el doctor Steinholtz y otro como el líder alien.

Este pequeño repaso no puede estar completo sin hablar de Forrest J. Ackerman, el legendario amante de la ciencia ficción que escribió, dirigió, actuó y se convirtió en leyenda. Entre sus hitos se cuenta ser el cocreador de Vampirella (junto a Trina Robbins y Frank Frazetta) o el haber logrado llevar la ciencia ficción del gueto a la aceptación general gracias a su actividad como fan y como agente literario de Ray Bradbury e Isaac Asimov, entre otros. Su rostro puede verse en multitud de películas del género de la fantasía científica y el terror como *Dracula vs. Frankenstein*, *Curse of the Queerwolf* y, por supuesto, *Vampirella*.

«Oh, por supuesto, por supuesto.
Da igual lo que haga, sigo siendo un fan.»
Forrest J. Ackerman

Finalmente, quiero mentar a Joan Woodbury, veterana actriz para la que su papel de Gadra en *Los viajeros en el tiempo* supuso el final de su carrera. Su trabajo más destacado seguramente sea el serial *Brenda Starr, Reporter*, en el que fue la protagonista, junto con la epopeya fílmica que fue *Los diez mandamientos*, donde fue la esposa de Korah (o Coré).

De un viaje a lo desconocido a un viaje en el tiempo

David L. Hewitt es el auténtico motor e impulsor de lo que conocemos como *Los viajeros en el tiempo*. Todo nació de su idea y de un manuscrito titulado *Journey into the Unknown* (que se traduce como *Viaje a lo desconocido*), que debe reconocerse que le va muy bien a la historia estrenada en cines. Aunque esta no fue exactamente la misma y tampoco iría firmada tan solo por él.

Hewitt le presentó la propuesta a Forrest J. Ackerman, que ya era una leyenda del mundo de la ciencia ficción apodado «Mr. Science Fiction», quien se la hizo llegar a su conocido Ib Melchior al ver las posibilidades de la misma. Algo en lo que el director y novelista coincidía, pero no dudó en reescribir para adecuarla más a un proyecto cinematográfico y le cambió el nombre por el que permanece (durante el proceso de producción el título provisional fue *Time Trap*).

Un dato curioso:

En el momento del estreno del filme Forrest J. Ackerman era el editor de la revista *Famous Monsters of Filmland,* en la que se hizo una importante cobertura de la película.

Los implicados hicieron todo lo posible por lograr que el producto final luciera lo mejor posible, eso teniendo en cuenta que no se obtuvo el presupuesto que el director consideraba necesario para los efectos especiales y visuales que requería esta aventura espacio-temporal, queja que hizo saber en su momento y en entrevistas posteriores. Por suerte, el resultado final se saldó con una buena factura en parte gracias a los conocimientos de ilusionismo

de David L. Hewitt, algo que queda patente cuando uno de los técnicos, al que interpreta Forrest J. Ackerman, convierte un círculo en un cuadrado y de nuevo en un círculo. Un truco sencillo, económico y muy visual que queda bien en pantalla.

Un filme adelantado a su tiempo

Los años sesenta fueron bastante habituales del género apocalíptico, de mostrar una idea de cómo un posible mundo futuro ha colapsado por culpa del error humano. Por desgracia, en ocasiones estas elucubraciones no distan de lo que hoy vemos. Lo que sí sigue estando lejos es el poder viajar en el tiempo, que fue otro tema habitual de la época con exponentes como *El tiempo en sus manos* o *El planeta de los simios*, aunque el adentrarse en un bucle temporal fue una propuesta innovadora, sobre todo uno que es culpa de sí mismo con una explicación bastante aceptable y coherente.

Esto es algo que a los espectadores modernos, al menos de la época de publicación de este libro que es en 2023 (¡2023! ¡Suena a futuro!), nos resulta muy conocido y común (de hecho, muy posiblemente cualquiera podría nombrar del tirón varios títulos al respecto), pero en aquel entonces el panorama era muy distinto; si bien era una materia que se había tocado, como en, con matices, *Vuelta atrás al reloj* de

1933 o *Volver a vivir* de 1947, nunca se había mostrado con tanta maestría como en este filme.

Aquí, al poco de comenzar la proyección, unas sombras rápidas y fugaces aparecen por la pantalla, apenas se nota y uno puede pensar que es un problema del metraje (así lo asumí yo) hasta llegar al final, donde se explica que tales sombras son los propios protagonistas entrando en el presente a una velocidad vital imposible. O explicado por uno de los personajes «Estamos aquí con ellos pero nos movemos a un ritmo de vida tan acelerado que debemos ser sombras fugaces».

Este es otro punto en que *Los viajeros en el tiempo* muestra un adelanto a otros productos de su época. Habla sobre el tiempo relativo cuando los personajes huyen de ese futuro distópico a través de la misma ventana temporal que les permitió llegar a él, pero al regresar al presente se dan cuenta de que su tiempo personal transcurre a una velocidad mucho más alta que el real, así que deben elegir entre un nuevo viaje a través del portal (un viaje a lo desconocido) o morir. En ese momento, tras haber cruzado de nuevo la ventana, el filme empieza una y otra vez, mostrando todo lo sucedido a un ritmo cada vez más apresurado, imprimiendo en el espectador la idea de un bucle infinito que no tiene comienzo ni fin.

Un dato curioso:

La aterradora fecha del futuro final de la humanidad es el año... ¡2071! Todavía estamos a tiempo de evitar el colapso y que los mutantes nos devoren.

«Una película se compone de muchas cosas
y siempre hay un montón de problemas que se vuelven parte de ella.»
Ib Melchior

No son los Cuatro Fantásticos pero...

Los creadores también consumimos. Esto es algo que a veces sorprende pero es así: leemos, vemos, escuchamos... Esto conlleva que lo que uno hace inspire a otros y a su vez lo que otros hacen inspire a uno, en ocasiones casi rozando el plagio y en otras tantas sin ser conscientes de ello. Cuando vives inmerso en la cultura y esta forma parte de tu día a día a veces resulta complejo saber de dónde vienen las ideas y las referencias.

Dicho esto, no cuesta ver un claro paralelismo entre los protagonistas de *Los viajeros en el tiempo* y los miembros de los Cuatro Fantásticos creados por Jack Kirby y Stan Lee en 1961. Tenemos a un científico, un joven fuerte, una mujer y un muchacho que perfectamente, con ciertos matices, encajan como sosias de Reed Richards, Ben Grimm, Susan Storm y su hermano Johnny. Sin olvidar que la aventuran que viven bien podría ser protagonizada por los imaginautas y que van rumbo al porvenir al atravesar un portal que, al menos a mí, recuerda a la máquina del tiempo del Doctor Muerte.

Otros parecidos razonables

Siguiendo con el hilo del cómic también puede verse un parecido más que razonable entre el doctor Erik von Steiner al que interpreta Preston Foster y el doctor Hans Zarkov, fiel amigo de Flash Gordon creado en 1934. O la coincidencia del nombre del personaje al que da vida Philip Carey, el doctor Steve Connors y el doctor Curt Connors de Marvel Comics, aparecido por primera vez en 1963 como el temible Lagarto.

También se puede encontrar una cierta similitud con el personaje O.M.A.C. de Jack Kirby, creado en 1974 en su etapa en DC Comics. La historia presenta un mundo futuro, si es utópico o distópico es complejo de decidir, en el que entre otras cosas los androides han llegado a sustituir a los amigos y compañeros. En cierta forma eso ya estaba presente en *Los viajeros en el tiempo* una década antes, e incluso trazas de la realidad mostrada pueden encontrarse en las viñetas del Rey del cómic.

Sobre Ib Melchior y David L. Hewitt, director y guionista

Si tienes buena memoria recordarás que hace unas páginas ya se había mentado en este libro el nombre de Ib Melchior, en concreto cuando se ha hablado de la película *Perdidos en el espacio*. Pero la trayectoria de este escritor y director es más larga, posiblemente muy desconocida para el gran público, ya que su labor como realizador se circunscribe tan solo a un puñado de títulos y de estos los dos más recordados (y uso el término «recordado» de forma laxa) son *The Angry Red Planet* y *Los viajeros en el tiempo*.

Un dato curioso:

Ib Melchior es hijo del tenor danés Lauritz Melchior.

Como guionista su carrera fue bastante más rica y prolífica, pudiendo encontrarse su hacer en filmes como la mítica *El rey de los monstruos* (muy reeditada versión de *Gojira no Gyakushū* para adaptarla al gusto estadounidense bajo el título *Gigantis: The Fire Monster*), *Reptilicus*, *Terror en el espacio* o *Robinson Crusoe de Marte*. También participó en las series televisivas *Hombres en el espacio*, *13 Demon Street* y la legendaria primera versión de *Más allá del límite*.

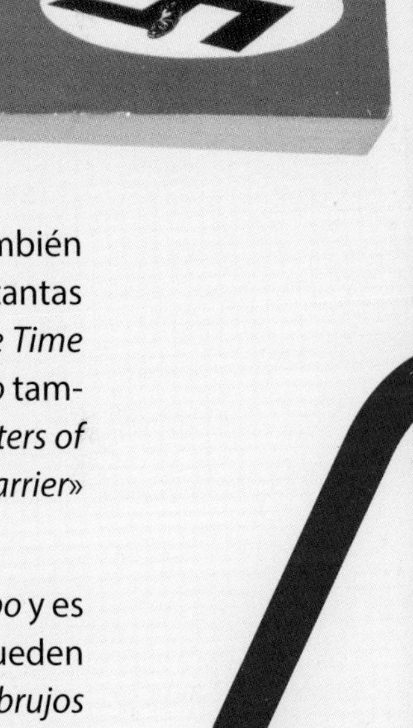

En su faceta de escritor fue bastante activo con novelas tanto de ficción como de no ficción, estas últimas en ocasiones basadas en sus propias experiencias vitales en el Cuerpo de Contrainteligencia de los Estados Unidos de América durante la Segunda Guerra Mundial. También se adentró en la ciencia ficción con *The Watchdogs of Abbadon* y *The Marcus Device*, además de varios cuentos y relatos cortos entre los que destaca *El corredor*, que fue la base para *La carrera de la muerte del año 2000*, filme de 1975 que protagonizó David Carradine y contó con Sylvester Stallone justo antes de convertirse en una estrella gracias al personaje de Rocky Balboa.

Un comentario final antes de pasar a la vida de David L. Hewitt. En las páginas dedicadas a *Perdidos en el espacio* he comentado cómo Ib Melchior acusó de plagio tanto a Irwin Allen como a Gene Roddenberry, y, si bien es cierto que hay paralelismos entre las creaciones de unos y otros, también sucede lo mismo con el propio Melchior. *The Angry Red Planet* fue una de tantas películas que se proyectó en un sesión doble, en su caso junto a *Beyond the Time Barrier* de Edgar G. Ulmer y Arthur C. Pierce con la que *Los viajeros en el tiempo* también tiene cierto parecido. Es más, años más tarde en la revista *Famous Monsters of Filmland* n.º 94 se pudo leer que «The plot was similar to *Beyond the Time Barrier*» («El argumento es similar al de *Beyond the Time Barrier*»).

David L. Hewitt fue el guionista tras la idea original de *Los viajeros en el tiempo* y es posible que este sea su trabajo más conocido, además de ser el primero. Se pueden mentar otros títulos de serie B como *The Mighty Gorga*, *Hells Chosen Few* o *Los brujos de Marte*, que puede parecer sorprendente pero se basa en la mitología de Oz creada por L. Frank Baum. También realizó las labores de dirección en *The Tormentors* de la que no fue guionista. Donde destacó fue en el apartado de efectos visuales, algo en lo que le sirvió su pasado como prestidigitador e ilusionista. Así, puso su toque de magia, nunca mejor dicho, en películas como *Critters 4*, *El americano impasible*, *Inspector Gadget 2* e incluso en *Superman IV: En busca de la paz*. También hizo sus pinitos en efectos especiales, pudiendo citarse *Willow* y *Cariño, he encogido a los niños*.

A falta de uno, dos, dos remakes

El cine de Hollywood es muy dado a los remakes (prefiero el término refrito) ya sea de materiales propios como *La cuadrilla de los once* y la estilosa revisión que fue *Ocean´s Eleven* (en inglés ambas tienen el mismo título) o de producciones extranjeras como *Déjame entrar*. En el caso que nos ocupa, y a pesar de ser un filme de culto, podemos encontrar dos versiones posteriores: una directa y otra inspiracional.

Viaje al centro del tiempo

Viaje al centro del tiempo se estrenó tan solo tres años después de *Los viajeros en el tiempo*. En este caso tanto el argumento como la dirección corrieron a cargo únicamente de David L. Hewitt, firmó el guion como David Prentiss, con lo que es asumible que aquí estemos más cerca de su visión inicial. A pesar de ello, no se puede decir que el resultado sea mejor o más divertido, más bien lo contrario, y eso que se esfuerza en no dejar un momento de respiro al espectador.

Ahora la trama espacio-temporal nos lleva hasta el futuro, vemos un mundo dominado por extraterrestres, regresamos al pasado habitado por los dinosaurios, nos enseñan más de un artilugio temporal y un final calcado de la original. Todo esto hace pensar que debería resultar más atractiva pero debe reconocerse que en ocasiones peca de aburrida, en parte por la existencia de la anterior y otro tanto por tomarse más en serio de lo debido.

Como curiosidad hay que decir que en esta película aparece Lyle Waggoner, actor que compitió (por un tema contractual) con Adam West para ser Batman y que interpretó al coronel Steve Trevor en la serie *La mujer maravilla*, que protagonizó Lynda Carter entre 1975 y 1979.

El túnel del tiempo

En el caso de la serie de 1966 *El túnel del tiempo* nos encontramos ante un refrito inspiracional, bebe mucho de *Los viajeros en el tiempo* en ideas y propuesta pero también buscó su propio camino (del que se ha hablado en el apartado de *Perdidos en el espacio*). Esta base queda todavía más clara cuando una década más tarde se emitió una película televisiva que era, a su vez, un refrito de *El túnel del tiempo* bajo el título *Los viajeros del tiempo* o en inglés *Time Travelers*, que contó con una historia del mismísimo Rod Serling con Jackson Gillis como guionista. Hay que decir que la intención de Irwin Allen, creador de la serie, era que este telefilme sirviera de capítulo piloto a una nueva versión de la producción pero nunca llegó a realizarse nada más.

El mañana (no) puede esperar

Por supuesto, *Los viajeros en el tiempo* no es la única película existente en la que los protagonistas viajan a un futuro temible que, con suerte, es evitable. Son muchas, pero muchas, las veces que el mundo del cine ha ido hasta ese punto incluso en comedias como *Regreso al futuro. Parte II*. Supongo que nos gusta imaginar pero siempre es más divertido, al menos en narrativa, idear un porvenir en el que todo salió mal que uno en el que salió bien.

2067

Este pequeño título de bajo presupuesto es una sorpresa para todo el que se acerque hasta el mismo. Lleva al espectador hasta un momento en que la sociedad depende del oxígeno artificial, algo que, por desgracia, también va matando a la población y la única solución es un viaje hasta un futuro en el que las plantas vuelven a estar vivas. Todo ello envuelto en un ambiente de thriller combinado con buenas ideas a las que sacar partido.

En ocasiones el camino elegido por Seth Larney puede resultar algo discutible pero sus años de experiencia (principalmente en efectos visuales y especiales) en películas como *Las crónicas de Narnia: La travesía del viajero del alba*, *Matrix Reloaded* o *Star Wars. Episodio III: La venganza de los sith* se notan y están ahí. De esta forma *2067* se convierte en un más que potable filme de ciencia ficción con un claro mensaje ecologista y una efectiva puesta en escena.

La guerra del mañana

Puede entenderse que *La guerra del mañana* es un espectáculo creado para lucimiento de Chris Pratt, pero esta película de Prime Video es también un producto entretenido que intenta responder a qué estamos dispuestos a dar por nuestro futuro. En el caso de esta aventura el problema es una invasión alienígena y para luchar en ella se precisa a gente del presente (ya que se han ventilado a la que está por llegar), con las consecuencias que ello tiene.

Chris McKay y Zach Dean están al frente como director y guionista, el primero es conocido por *Batman: La LEGO película* y el segundo por *24 horas para vivir* y aunque no tienen demasiada experiencia logran conformar un producto funcional con cierta reflexión. No es, ni de lejos, una gran película, pero cumple y tiene a J. K. Simmons en su reparto, lo que siempre es de agradecer.

Despedida y cierre

Hace tiempo, con motivo de la salida del primer libro sobre viajes en el tiempo, me preguntaron por qué me gustaban tanto este tipo de historias y debo decir que no es una cuestión sencilla de responder. Lo primero es que a todos nos encanta viajar, o a casi todos, cambiar el paisaje por unos días, ver otra gente, otras gastronomías, otras tiendas… No hace falta que sea a la otra punta del mundo, por lo general tendemos a desconocer la ciudad de al lado y ahí ya hay puntos que difieren de los de nuestro día a día.

Ahora hay que intentar extrapolar esto al tiempo o, más bien, al espacio-tiempo; por lo general, en la ficción no solo te desplazas a un cuándo, también a un dónde. Curiosamente, en *La máquina del tiempo* de H. G. Wells, que es uno de los relatos primigenios del género, el artefacto cronal solo permite moverse en el tiempo (que ya es bastante). La idea de poder conocer la Antigua Roma, la Italia del Renacimiento, volver a ver a aquellos amigos y familiares que ya se han ido… Es imposible no saborearlo cuando se piensa.

Eso es lo que nos da este género, una frontera que no existe. No hay límite a qué podemos hacer o qué podemos contar. Quizá por eso es algo que se ha explorado tantas y tantas veces, ya sea en forma de drama o de comedia, también de musical y de terror, en películas y series, en cómic y novelas. La lista es impresionante y en este libro tenéis varios de esos títulos, pero prometo que quedan muchos más y si hay una tercera parte de viajes en el tiempo os presentaré otros tantos.

Debo decir que, aunque escribir sobre esto es algo que me gusta, no en vano llevo consumiendo ciencia ficción desde que era un niño, también lo es que este libro ha sido complejo de llevar adelante por varios motivos. El mayor de ellos ha sido una mudanza a otra ciudad, tras años en Barcelona por fin me marché de allí para empezar una nueva vida en Zaragoza y, si bien es algo positivo que me está haciendo ganar calidad de vida, también conlleva sus problemas y situaciones complicadas.

Desde meter todo en cajas, si sois coleccionistas ya sabéis cómo es eso, tenerlo en un trastero hasta que aparece el piso, ir conociendo la ciudad y su forma de funcionar, seguir escribiendo mientras estás en medio de todo el jaleo, desesperarte con las agencias inmobiliarias… En fin, que una mudanza es una mudanza y más cuando cambias de ciudad.

Pero aquí estamos, seguimos y vivimos. Una pandemia quedó atrás, por delante hay un futuro al que solo podemos ir pasito a pasito, entramos en el 2023 (escribo estas líneas a finales del 2022) y nadie sabe qué esperar. El mundo es incierto y maravilloso, lo mejor es dejar que nos sorprenda y bucear por todo lo que nos depara el porvenir.

Adelante con ello. Gracias por leer.

Sigo escribiendo.

Doc Pastor

Zaragoza. Diciembre de 2022.
Este libro se ha escrito entre
Barcelona, Madrid y Zaragoza.

Epílogo

por Oscar Ferrer

¿Qué se puede decir llegados a este punto? Si has leído hasta aquí es que sin duda alguna el viaje ha merecido la pena. Y es que, ¿hay algo mejor que viajar por el tiempo?

Bueno, seamos claros, lógicamente, esa posibilidad no existe en la vida real, pero gracias a la ficción hemos logrado alcanzar los sitios más insospechados, bien sean del pasado más prehistórico o bien del futuro más remoto. Tengo que admitir que la posibilidad de los viajes cronales siempre ha sido un punto de interés para mí en (casi) cualquier historia, por lo que cuando el amigo Doc Pastor me sugirió que me encargara del epílogo de este libro no pude menos que emocionarme ante la responsabilidad que me ofrecía, ya que es un tema que siempre me ha resultado atractivo.

Lo gracioso es que mi primera aproximación a los viajes temporales fue con el clásico *La máquina del tiempo* de H. G. Wells (¡cuántas veces no fantaseé de pequeño imaginando ir a ese año 802.701 con un planeta en manos de los Eloi y los Morlocks!). Pero a lo largo de las décadas la ficción nos ha demostrado que no es indispensable una máquina, porque puede haber infinitas maneras que van más allá de ejemplos, como el también mítico DeLorean de la trilogía *Regreso al futuro*.

Además, los viajes en el tiempo, que nacieron dentro de la ciencia ficción, han demostrado ser un perfecto elemento para mezclar con otros géneros, bien sean drama, comedia, animación o lo que se tercie. Incluso en ocasiones no han sido tanto las andanzas de los personajes a través del tiempo, sino que ha sido el mismo tiempo (con mejores o peores intenciones) el que ha marcado el devenir de los protagonistas, ya que la temática está abierta a todas las interpretaciones que cada creador quiera proponerse, pudiendo ser desde un elemento alegórico hasta una simple excusa para hacernos pasar un rato tremendamente entretenido. Eso ya nos lo mostró Doc Pastor en su primer libro de *Viajes en el tiempo* y lo vuelve a repetir aquí, en una selección bastante amplia de títulos de lo más variado que le quedaron pendientes en la anterior entrega.

Curiosamente descubrí a Doc Pastor por compartir ambos la afición hacia una serie donde los viajes temporales son primordiales: *Doctor Who*. A partir de ahí tuve la suerte de tener (y mantener) una amistad con él que me permitió descubrir a toda una eminencia de la cultura popular, capaz de hablarte de los temas más insospechados bajo el formato que sea (películas, series, cómics o lo que se tercie), y siempre con motivo de causa y con una perfecta justificación. Hablar con él siempre ha resultado una delicia, de la cual incluso sales aprendiendo algo nuevo, algún detalle, por pequeño que sea, de cualquier obra de cultura popular que creías conocer, y de la que el amigo Doc Pastor (todo un pozo de sabiduría) es capaz de abrirte nuevos horizontes.

Es por todo lo dicho que si él comandaba la máquina del tiempo que es este libro para llevarme a través de las décadas (sea presente, pasado o futuro), no lo dudé ni un instante y tras el primer periplo que fue el inicial *Viajes en el tiempo*, tenía total confianza en que la secuela siguiera los mismos derroteros, como así ha sido. Gracias, amigo Doc Pastor: el viaje ha merecido la pena y aquí me tienes para cuando quieras realizar el próximo.

Oscar Ferrer es crítico de cine y divulgador de cómic, ha colaborado en webs como Es la hora de las tortas *y* Zona Negativa*, además de en la revista* Scifiworld*. En 2005 empezó su blog,* El blog del Chacal*, en el que sigue escribiendo de forma asidua.*

Tiempo de apéndices

Deadpool 2 Super $@%!# Grande

Cuando se estrenó *Deadpool* (sigo prefiriendo Masacre) todos enloquecimos un poco. Era lo que hacía falta al ya gastado universo de los X-Men de Fox, eso y *Logan;* también, en general, a las producciones de superhéroes de gran calado, que pecaban de ser demasiado blancas y arriesgarse cada vez menos. Era evidente que habría una secuela. En esta ocasión con David Leitch (que no Lynch, como aclaran en el Blu-ray) a los mandos, quien ya tenía larga experiencia como director de segunda unidad en *Capitán América: Civil War, Lobezno Inmortal*, o *Ninja Turtles: Fuera de las sombras*, repitiendo los guionistas pero esta vez añadiéndose el propio actor principal al dúo de la entrega anterior.

El resultado fue de nuevo estupendo, lógicamente sin la sorpresa que supuso el estreno original (lo que no importó demasiado: una tiene un 8 en IMDB y la siguiente un 7,7) pero manteniendo las mismas ganas de reventar al espectador, reírse de todo y de todos, haciendo crecer al mito y dándole a Wade Wilson (alter ego de Deadpool) esa familia que siempre quiso tener. En cierta forma.

Este es, precisamente, uno de los contenidos que trae el Blu-ray de la *Versión Super $@%!#& Grande, Deadpool Family Values,* en el que se explicará por qué, en realidad, esta es una película familiar (igual que la primera lo era de San Valentín). Sirve a modo de *making of*, siendo solo uno de los distintos segmentos en los que se cruzan entrevistas a los actores y miembros del equipo con escenas de la película y del rodaje, que si bien la información de este tipo siempre es de agradecer, uno se plantea si no hubiera sido mejor hacer un solo vídeo de duración más extensa.

Imprescindible de ver son los dos dedicados a secretos y huevos de pascua que hay a lo largo de toda la película, incluyendo el cameo de Matt Damon y Alan Tudyk y el gran número de referencias que hay a las viñetas originales del universo mutante de Marvel; y el que versa sobre los dobles de acción y las escenas de este tipo. Lo cierto es que sin estos profesionales gran parte de las películas que se hacen en la actualidad (y desde hace décadas) no serían posibles, con lo que todo reconocimiento es poco, y más si, además, enseña entresijos de una película que nos encanta.

Como ya sabes, al final de *Deadpool 2* el protagonista aprovecha la tecnología de viaje en el tiempo de Cable para hacer de las suyas; entre ellas, cerrar por completo su propia línea temporal de la cancelada franquicia *X-Men Orígenes* y lograr ese deseado cruce con Lobezno (aunque sea con escenas ya existentes, pero algo es algo). Lo que no se logra ver en la película en su versión cinematográfica (sí en la extendida) es a Hitler de bebé. El protagonista viajará hasta 1889 para intentar lo mismo en lo que anteriormente habían fracasado Nick Furia y River Song, matar a Adolf Hitler.

Quizá lo menos interesante de todo este Blu-ray sean las tomas falsas, ya que estamos ante un título que desborda humor por todas partes, con lo que, en realidad, se nos hacen algo sosas si las comparamos con la cinta, de la que se incluyen, además, dos versiones. La primera, la que se pudo ver en las salas de todo el mundo y una segunda extendida con quince minutos más, que si no es suficiente se puede completar con las escenas descartadas que nos ofrecen los extras.

Deadpool nos enloqueció, *Deadpool 2* nos encantó, y *Deadpool 3* nos tiene en ascuas. ¡Que se estrene ya!

Una noche con Colin Trevorrow

Uno de los platos fuertes de la primera Malta Film Week fue, sin duda alguna, la presencia de Colin Trevorrow entre sus invitados. A pesar de ello su participación en el festival se limitó a su asistencia a la entrega de premios, los Malta Film Awards, en los que fue galardonado, y a un pequeño coloquio en un cine de La Valeta, la capital de Malta; si esto fue debido a su agenda, a decisiones del festival o a la publicista del director es algo que desconozco, pero así es el mundo de Hollywood.

La noche empezó con la proyección de su película de culto *Seguridad no garantizada*, un divertido filme sobre viajes en el tiempo con mucho humor y una resolución realmente ingeniosa. De hecho, y pasando por un momento al terreno personal, es una de mis películas favoritas del género, y viendo las carcajadas que hubo durante la proyección, intuyo que ahora también lo es de otras tantas personas.

Quizá hasta de Steven Spielberg, ya que fue la última escena de este título lo que le convenció de contar con él como director para la saga de *Jurassic World*, algo que Trevorrow comentó no sin orgullo, y no es para menos. Seamos sinceros, ¿quién no

querría que un director como Steven Spielberg se fijara en nuestro trabajo? ¡Y para ser parte de una de las sagas más queridas de Hollywood!

De hecho, hay que tener en cuenta que *Seguridad no garantizada* fue su primera película, un proyecto que tuvo un coste de 750 000 dólares (muy poco para ser un filme norteamericano) y que para él es la historia que quería contar sí o sí. Es más, comentó que ya que nunca supo si haría más películas, la que sí iba a hacer tenía que ser «la única historia que fuera a hacer». Eso fue en 2012, en 2015 dirigió *Jurassic World* y en 2022 regresó a esta saga con *Jurassic World: Dominion*, película que (por el momento) da cierre a toda la historia.

«The times are changing» («Los tiempos están cambiando») dijo, casi como si parafraseara a Bob Dylan, pero se refería a la propia industria del cine y al consumo del mismo, tema en el que también recalaron Roland Joffé y Sam Nicholson (entre otros varios ponentes de la Malta Film Week). Una industria que ha visto cómo el público ha cambiado sus gustos y formas de ver contenidos como, por ejemplo, con Tik Tok, aplicación que él mismo consideraba una muy buena plataforma para los vídeos cómicos, y al éxito de perfiles como el del popular Natcher me remito.

El turno de preguntas y respuestas había llegado a su fin. Ya solo quedaban los aplausos, un infructuoso intento de entrevistarle (al menos pude hablar con él de forma breve) y perdernos entre las calles de La Valeta para disfrutar de la noche maltesa en compañía de otros colegas de la prensa internacional.

Lost in Space, los Robinson han vuelto de la mano de Netflix

El primer libro que escribí se tituló *Los sesenta no pasan de moda*. A día de hoy sigo pensando que no hay nada en esa frase que no sea cierto; el paso del tiempo no hace más que demostrarlo una y otra y otra vez. Pongamos unos ejemplos de creaciones de esa fascinante década que siguen bien en activo, han resucitado o, sencillamente, son todavía muy queridas: *Spiderman*, *Star Trek*, *La familia Monster*, *Los Picapiedra*, *La familia Addams*, *Flipper*, *Ultraman*… podría seguir durante largo rato, aviso.

No solo en televisión, cine y cómic, sucede en otros muchos campos: desde la literatura a la moda, pasando por la música. Hablamos de unos años que fueron una revolución en toda regla, muchos viejos patrones cayeron, se idearon propuestas arriesgadas, se lanzaron productos increíbles aunque, por desgracia, en este país se vivía una dictadura que complicaba que esto fuera así o que incluso llegaran desde fuera de las fronteras.

Parte de la demostración de que los sesenta siguen bien vivos fue la nueva versión de *Perdidos en el espacio*, que llegó de la mano de Netflix. Tras algún intento de resurrección más después de la película de 1998 (*The Robinsons: Lost in Space*, en 2004), la propuesta de una familia espacial quedó bastante relegada al olvido. De cuando en cuando iban apareciendo rumores que decían que estos viajeros iban a volver, pero el proyecto realmente tardó en materializarse.

En 2018 se estrenó esta serie dispuesta a rendir homenaje a la producción original, pero adecuada a los nuevos tiempos. Algo que se logra desde un primer momento con un reparto principal con diferentes etnias, bien distinto de lo que fue en los sesenta y en los noventa en que todos eran conceptualmente WASP (*White, Anglo-Saxon and Protestant*, es decir blanco, anglosajón y protestante), junto con el cambio de sexo del doctor Smith, que pasa a ser la doctora Smith.

Este rol, interpretado por Parker Posey, fue uno de los más mentados durante toda la promoción, debido al hecho de que era un rol masculino que ahora era femenino, algo que en la producción supieron solucionar manteniendo el respeto por el original intacto y evitando, de paso, el ataque de los fans más retrógrados (que trolls hay en todas partes). Quedaba por ver en futuros episodios si realmente se lograba la química necesaria con Maxwell Jenkins, que es el intérprete encargado de dar vida al joven Will Robinson.

Lo que sí se había empezado a explorar desde el principio era su relación con el conocido robot, que ha sufrido notables cambios para adecuarlo a las corrientes de gustos actuales. Se le ha dotado de una forma más humanoide, lo que facilita su interacción con su "amigo" infante, además de tener un pasado real que es algo que jamás tuvo en la serie clásica.

Dos detalles que harán las delicias de los aficionados de toda la vida: 1) El primer capítulo de Netflix está directamente basado en "*No Place to Hide*", piloto original que no vio realmente la luz hasta 1997; 2) La premisa inicial de la producción con la familia en un planeta extraño viviendo aventuras y calamidades, es precisamente el comienzo de todo.

Bibliografía

Libros

Blaschke, Jorge, *Los gatos sueñan con física cuántica y los perros con universos paralelos*, Redbook ediciones, 2012.

Corral López, Juan Manuel, *Peter Cushing: el barón de la interpretación*, T&B, 2013.

Cadigan, Pat, *Perdus dans l'espace: le livre du fil*, Bethy, 1998.

Crichton, Michael, *Rescate en el tiempo*, Debolsillo, 2003.

Delgado Sánchez, Cruz y Delgado, Pedro *Hanna-Barbera, la animación en serie*, Diábolo Ediciones, 2014.

Dick, P.K., *Minority Report (El informe de la minoría),* Círculo de lectores 2002

Edwards, Gavin, *Cómo ser Bill Murray*, Blackie Books, 2017.

Hawking, Stephen W., *Breve historia del tiempo: del Big Bang a los agujeros negros*, Alianza Editorial, 2011.

Howe, Sean, *Marvel Comics, la historia jamás contada*, Panini Books, 2013.

Moran, Albert y Keating, Chris, *The A to Z of Australian Radio and Television*, Scarecrow Press, 2009.

Pastor, Doc, *Viajes en el tiempo*, Redbook ediciones, 2021.

Pastor, Doc, *Los sesenta no pasan de moda*, Dolmen Editorial, 2013.

Pastor, Doc, *¡Hasta el infinito y más allá! Pixar a través de sus película*s, Dolmen Editorial, 2017

Savater, Fernando, *Misterio, emoción y riesgo: Sobre libros y películas de aventuras,* Editorial Ariel, 2008.

Schulman, J. Neil, *The Robert Heinlein Interview and Other Heinleinian*a, Pulpless, 1999.

Smith, Roger, *Tell Me Why*, Matador, 2018.

VV. AA., *The Time Travel MEGAPACK ®: 26 Modern and Classic Science Fiction Stories*, Wildside Press, 2013.

VV.AA., *Encyclopedia of post-colonial literatures in English*, Eugene Benson & L.W. Conolly, 1993.

Wallace, Daniel, *Los Cazafantasmas: La historia visual definitiva*, Norma Editorial, 2015.

Revistas y cómics

Busiek, Kurt, *Siempre Vengadores,* Carlos Pacheco Editorial, 2004.

Escobar, José, *El tonel del tiempo*, Ediciones B, 1994.

Kirby, Jack; Lee, Stan, *Fantastic Four Classic nº3*, Forum, 1993.

Layton, Bob; Michelinie, David; Romita Jr. John, *Iron Man nº 7*, Forum, 1985.

Layton, Bob; Michelinie, David; Romita Jr. John, *Iron Man nº 8*, Forum 1985.

Nicieza, Fabian, *The New Mutants nº98*, Rob Liefeld, Marvel Comics, 1991.

Peeters, Frederik, *Castillo de arena*, Pierre Oscar Lévy, Astiberri, 2021.

Simonson, Louise, *The New Mutans nº86*, Rob Liefeld, Marvel Comics 1991.

Simonson, Louise, *The New Mutans nº87*, Rob Liefeld, Marvel Comics 1991.

VV.AA., *RetroFan nº3*, TwoMorrows Publishing, 2019.

VV.AA., *The Magazine of Fantasy and Science Fiction nº 271*, *Mercury Press*, 1973.

VV.AA., *Science Fiction Review nº36*, *Science Fiction Review*, 1980.

VV.AA., Minotauro. *Fantasía y ciencia ficción nº4*, Ediciones Minotauro 1965.

VV.AA., *Famous Monsters of Filmland nº94,* Warren, 1972.

VV.AA., *Famous Monsters of Filmland nº130*, Warren, 1976.

Webs

archive.org
backwoodshome.com
bombreport.com
biggles.fandom
cancelledscifi.com
centaurocabalgante.blogspot.com
collectingbooksandmagazines.com
elconfidencial.com
diversebooks.org
downthetubes.net
dreamworks.fandom.com
filmaffinity.com
flixist.com
imdb.com
manualdelviajeroeneltiempo.blogspot.com
michaelcrichton.com
mr-peabody-sherman.fandom.com
respuestas.me
sonypictures.com
scifibulletin.com
stefonbristol.com
tangentonline.com
thisisbarry.com
vulture.com
wikipedia.org
wejohns.com
wright-brothers.org
yorokobu.es

Por el mismo autor:

Puedes visitar nuestra página web
www.redbookediciones.com
para ver todos nuestros libros: